감사
나눔의
기적

감사 나눔의 기적

초판 1쇄 2021년 3월 10일
초판 4쇄 2023년 1월 16일

지은이 김남용
펴낸이 박종태
펴낸곳 비전북
출판등록 2011년 2월 22일(제 2022-00002호)

총괄팀장 강한덕
마케팅 박상진, 박다혜, 김경진
관리팀 정문구, 정광석, 박현석, 김신근, 김태영(오퍼)
경영지원 이나리
주소 경기도 파주시월롱산로 64 (야동동)
전화 031-907-3927
팩스 031-905-3927
이메일 visionbooks@daum.net
페이스북 @visionbooks
인스타그램 vision_books_

디자인 Design IF
인쇄·제본 예림인쇄 예림바인딩

공급처 (주)비전북
전화 031-907-3927
팩스 031-905-3927

잘못된 책은 바꾸어 드립니다.
비전북은 몽당연필, 바이블하우스, 비전C&F와 함께합니다.

심리 & 부부 상담전문가가 보증하는
세상살이 행복 지름길

감사 나눔의 기적

김남용 지음

Miracle of Sharing Gratitude

비전북

감사로 들어가는 글

나는 감사로 새로운 삶을 얻었다

감사 나눔 운동을 해온 지 어느덧 8년이 흘렀다. 이제는 그동안 일어난 일을 기록으로 남길 필요를 느끼고, 주변의 권고와 요청도 있어서 책을 쓸 결심을 하니, 내 인생에서 처음, 가장 감사했던 일이 불현듯 떠오른다.

내게는 지적 장애인인 서른 살의 딸이 있다. 딸의 장애만으로 나의 가슴은 늘 무거운 납덩이를 달고 살아가는 것 같았다. 감사는 커녕 하루하루 살아가기조차 버거웠다.

장애아가 있는 부모라면 백이면 백 아이를 낫게 하려고 백방을 수소문하고 쫓아다닐 것이다. 우리 부부도 첫 아이가 그러하여 서울과 경기도 일대에서 누구든 신유은사나 기도능력이 있다고 하면 찾아다니면서, 그들이 하라는 대로 다 하며 기도했다. 하지만 뜻대로 고쳐지진 않았고 고난은 깊어만 갔다.

우리 부부는 딸 때문에 많이 다투었고 이혼까지 생각한 적도 있다. 문제는 그뿐 아니었다. 그 밑의 두 동생도 피해가 컸다. 딸보다 7살 어린 바로 아래 남동생은 초등학생 때 또래 친구들이 "너희 누나 장애인"이라고 놀려대면 자주 맞서 싸우곤 했다. 나는 아들이 맞고 들어오면 "왜 싸우고 다니느냐?"라고 혼을 내고, 반대로 친구를 때리고 오면 맞은 아이와 부모가 찾아올 때 사과하기에 급급했다. 아들이 싸운 원인의 대부분은 누나가 장애인이라고 놀린 것이다. 그때도 지금도, 장애인 누나의 동생으로 태어난 두 아들에게 정말 미안하게 생각한다.

2005년 어느 날, 마른하늘에 날벼락 같은 일이 또 찾아왔다. 딸이 걸어가다가 힘없이 주저 앉았던 것이다. 더 이상 걷지 못하더니 몸에 이상한 붉은 반점이 생기고 얼굴은 하얗게 변했다. 피부과 처방을 받고 연고를 발라도 며칠 가지 못해 내과로 갔더니, 이번엔 얼른 대학병원에 가보라며 추천서를 써주었다. 우리는 그 즉시 서울 종로구 혜화동에 있는 서울대학교 어린이병원으로 갔다. 피 검사를 하니 희귀질환인 중증 재생불량성 빈혈이라는 진단이 나왔다. 골수 이식을 하지 않으면 합병증이 생겨 6개월 이내에 죽을 수도 있는 상태였다.

난관을 만난 우리 부부는 전심으로 하나님께만 매달려야 했다. 딸을 살리기 위해서는 어쩔 수 없었다. 그동안 지치고 피곤하여 불평하고 원망하던 마음을 회개하고, 골수 기증자를 보내달라고 기도하기 시작했다. 그러나 기증자는 금세 나타나지 않았다. 불행 중 다행으로 딸은 6개월이 지나도 살아 있었고, 그렇게 생명을 연장해주시는 데에는 하나님의 어떤 뜻이 있을 것으로 믿고 계속 기도했다. 그리고 무려 4년 만에 기증자가 나타나 이식을 받았고, 딸은 지금껏 건강하게 잘 살고 있다. 나의 감사는 이때부터 시작되었다.

감사하자, 우울하고 괴롭던 마음이 순식간에 사라졌다

살아오면서 그동안 감사한 일이 많았겠지만, 사망의 음침한 골짜기에 던져진 내 딸이 살아나게 되었을 때, 나는 일생에 한 번도 해보지 못한 특별한 감사를 했다. 하나님께 감사하고, 기증자에게 감사하고, 함께 기도해준 가족과 친척에게 감사하고, 우리 딸과 우리 가족을 위해 기도해준 주변의 여러분에게 감사하고, 의료진에게 감사했다. 심지어 하늘의 구름에 감사하고, 땅에게 감사하고, 불어오는 바람에 감사하고, 따뜻한 햇빛에 감사하고, 창문 너머로 보이는 풀과 꽃들과 벌과 나비에게도 감사했다. 모든 것에 감사했다.

감사하게 되자, 딸로 인하여 하나에서 열까지, 옷을 입고 벗는 일에서 먹고 자고 일어나는 일이 다 불편하고, 어디를 가든 항상 데리고 다녀야 하고, 주변의 시선까지 의식하며 살아야 하는 것이 마땅치 않아 한없이 우울하고 괴롭던 마음이 순식간에 사라졌다.

감사 나눔의 기적

딸이 살아 숨 쉬는 것을 보는 것만으로도 감사해서, 종이를 가져다 놓고 감사할 것을 써보니 100가지가 훌쩍 넘었다. 한 가지도 감사할 것이 없을 것 같은 딸에게 100가지의 감사를 쓰면서, 이 아이가 보석이고 우리 가정에 소중한 선물로 온 것임을 알게 되었다. 나는 이때부터 사람들 앞에서 감사를 말하고, 감사하기를 권하고 나누기 시작했다. 만나는 사람마다 감사하라고 말했다. 이런 나를 주변에서는 '감사 나눔 운동가'로 불러주기 시작했다.

이런 가운데, 본격적으로 감사 나눔 운동에 뛰어들게 되는 중요한 사건이 생겼다. 다보스병원 이사장님의 요청으로 내가 그 병원의 '감사 나눔 팀장'이 된 것이다. 나는 그때 포항 포스코에서 시행하던 '행복 나눔 125운동'을 견학한 것이 도전이 되어, 이 운동을 다보스병원에 적용했다. 효과는 물론 만점이었다. 바빠서 동동거리느라 여유가 없던 간호사의 얼굴에 조금이나마 여유가 생기기 시작했고, 동료를 이해하고 공감하면서 갈등이 해소될 뿐만 아니라 끈끈한 동료애로 단단히 결속되는 분위기가 생겨났다. 이 모든 것이 감사를 나누는 운동을 도입한 결과였다. 직원들의 분위기가 이렇게 변화되자, 환자를 돌보는 일에도 당연히 영향을 미쳐 병원 분위기도 180도 달라졌다. 병원은 더 이상 질병과 싸우는 전쟁터가 아니라 서로 믿고 섬기는 따뜻한 공동체가 되었다.

나는 지금 부부 상담을 주로 하는 심리상담 사역을 하고 있다. 부부 갈등, 우울증, 정서불안 등에 시달리는 내담자들을 만날 때마다 '감사 나눔'을 제안한다. 대부분의 가정은 밝은 면보다 어두운 면에 집착하여 서로를 괴롭히다 파국을 맞는다. 그럴 때 가능한 밝은 면에 집중하고 서로 감사 나눔을 하면 극적인 변화가 찾아온다. "감사하다"라는 말 한 마디에 가슴 깊이 박혀 있던 증오의 못이 빠져나가고, 그 자리에 사랑의 새 살이 돋는다. 감사 나눔을 통해 회복탄력성이 증진되면, 언제 그랬느냐는 듯이 새로운 삶에 진입하게 된다.

나는 연약한 딸의 치유에 감사하면서 새 삶을 선물 받았다. 그 덕에 지금 감사운동가로 살아가면서 행복을 전파하는 삶을 살고 있는 건 대단한 행운이다.

이 책은 내가 받은 그 행운을 독자들에게 고스란히 전해주고 싶어 쓴 것이다. 내 이야기를 꼼꼼히 읽으시고 책을 덮으면서 바로 감사 나눔을 시작한다면 내게 왔던 그 행운이 당신에게도 찾아올 것이다. 다음의 말씀을 당신의 삶에서도 경험하게 될 것이다.

온갖 좋은 은사와 온전한 선물이 다 위로부터 빛들의 아버지께로부터 내려오나니 그는 변함도 없으시고 회전하는 그림자도 없으시니라 _야고보서 1:17

'감사를 나눠야 할 이유'는 이것이다

감사는 힘의 원천이다. 감사하면 스트레스가 완화되고 건강이 증진되며, 에너지와 만족감과 기쁨이 증가하여 인간관계가 향상되고, 사람 사이에 갈등이 해결되어 협력이 쉬워진다. 이에 따라 감사하는 개인에게는 자부심과 자신감이 고취되고 위기와 변화에 대처하는 능력도 증진될 수 있다. 감사는 긍정적 감정과 정신상태를 유발하는 필수 요소로서, 감사가 우리의 많은 문제에 해결책이 되는 것도 그 때문이다.

하지만 문제는 항상 감사하기가 어렵다는 것이다. 예컨대 이미 겪은 일 중에서 뒤늦게나마 좋은 일이었음을 알게 된 것에 대해, 이제는 그 내용을 감사하면서 나누어 보자고 말하면 대개 이런 반응을 보인다.

"감사할 게 있어야 감사하지요."

"알기는 하지만 마음대로 잘 안 되네요."

"이제 와서 억지로 감사하는 거 같아서요."

이것이 감사의 효과를 누리지 못하는 사람들이 으레 보이는 태도이다. 그들의 마음이 이해는 된다. 그도 그럴 것이, 진정한 감사를 알기 전의 나 또한 그런 이들과 다르지 않았기 때문이다. 나는 그들을 포기하지 않고 돕기로 했다. 그들에게 나누고 싶다는 마음이 생겨나고, 감사의 기운이 계속 퍼져나가 세상이 따뜻해지면 좋겠다는 기대 때문이다. 상담이 필요해서 나를 찾아오는 사람이 줄

어들기를 바라는 마음 때문이기도 하다. 이 책에서 그 방법을 세세하게 짚어주고 싶다.

1) 감사는 인간성 회복의 시금석이다.

성경 로마서 1장 21-25절에 이런 말씀이 있다.

"하나님을 알되 하나님을 영화롭게도 아니하며 감사하지도 아니하고 오히려 그 생각이 허망하여지며 미련한 마음이 어두워졌나니 스스로 지혜 있다 하나 어리석게 되어 썩어지지 아니하는 하나님의 영광을 썩어질 사람과 새와 짐승과 기어 다니는 동물 모양의 우상으로 바꾸었느니라 그러므로 하나님께서 그들을 마음의 정욕대로 더러움에 내버려두사 그들의 몸을 서로 욕되게 하게 하셨으니 이는 그들이 하나님의 진리를 거짓 것으로 바꾸어 피조물을 조물주보다 더 경배하고 섬김이라 주는 곧 영원히 찬송할 이시로다."

이 말씀은 인간이 타락하는 과정을 보여준다. 신앙의 기초를 정리한 '소요리 문답'의 제1번은 "사람의 제일 되는 목적은 하나님을 영화롭게 하는 것과 그를 영원토록 즐거워하는 것"이라고 말한다. 하지만 문제는 그런 사람이 타락하면 '감사하지 않는다'고 이 말씀은 지적한다. 하나님을 알던 사람인데, 하나님을 영화롭게 하며 살아야 할 사람이 '하나님께 영광'이라는 목적을 잊어버리면 그 다음에 바로 감사가 사라진다는 것이다. 감사가 사라진 자리에는 허망한 생각이 찾아든다. 그러면 마음이 미련해져 지혜를 잃어버리고, 자기중심적이고 우상을 숭배하고 인본주의에 빠져 온갖 악을 행하게 된다고 말한다. 하나님을 떠나 타락해가는 과정에서 분수령이 되는 것이 바로 감사의 상실이라는 말씀이다. 이로 보건대, "잃어버린 신앙과 인간성의 회복은 감사를 회복하는 데서 시작된다"라고 말할 수 있다.

2) 감사는 좋은 에너지원이다.

넬슨 지니는 그의 책《감사의 힘》에서 이렇게 말하고 있다.

"사람에게는 행복하고자 하는 욕망이 있다. 이 욕망이 충족되지 않을 때 불행을 느끼고, 불행하다고 느끼면 불평, 원망, 분노 같은 감정이 생긴다. 이런 감정을 터트리면 문제는 더 커진다. 하지만 이럴 때 감사는 더 큰 불행으로 질주하는 감정에 제동을 걸고 회복시킨다. 감사가 없으면 행복한 삶은 불가능하다."

나 또한 그의 말에 크게 공감한다. 불평은 시작하면 끝도 없이 이어진다. 사소한 것에 분노하게 되면 말이나 행동이 격해지면서 결국 폭발하여 일을 그르치게 된다. 그러나 불평이 치밀어 오르려 할 때 '감사합니다!'를 선제적으로 외치면 마치 브레이크를 밟은 자동차처럼 내 감정이 조절되고 멈춘다. 그 순간 어둠은 빛으로 바뀌고 부정은 긍정으로 바뀌면서, 내 속에 좋은 에너지가 주입되는 것을 느낄 수 있다. 그 에너지가 어둡고 좋지 않은 상황을 밝은

쪽으로 반전시킬 수 있는 힘으로 작용한다. 이것이 감사의 위력이다. 그러므로 불편한 마음이 들기 시작하고 불평하게 되는 불안한 일이 생기거든 일단 "감사합니다"라고 말해보자. 그러면 팽창하던 감정이 수축되면서 마음이 안정되고, 어둡고 부정적인 에너지가 밝고 긍정적인 에너지로 전환될 것이다.

3) 감사는 동조현상을 일으킨다.

누군가 불평을 시작하면 그 자리는 불평으로 가득 차기 쉽다. 역으로 누군가 감사하기 시작하면 그 자리는 감사하는 분위기로 바뀐다. 이것이 동조현상이다. 세상에는 누군가를 동조시켜 불평으로 충만하게 하는 사람이 있고, 반대로 감사를 충만하게 하는 사람도 있다. 당신은 어떤 사람인가? 당신은 앞으로 어떤 사람이 되고 싶은가? 주변의 사람들을 당신의 불평에 동조하게 하여 세상을 온통 불평불만으로 가득한 암흑으로 만들고 싶은가? 아니면, 불평불만이 가득한 세상을 변화시켜 서로 감사하고 감싸주고 사랑하는 천국으로 만들고 싶은가? 어떤 선택을 하겠는가?

4) 감사는 자신을 위하는 선택이다.

심리학자 아들러는 그의 책《미움받을 용기》에서 "사람들은 불평하기 위해 불평을 선택하고, 화내기 위해 분노를 선택한다"라고 말한다. 그렇다. 불평하지 않을 수도 있는데 불평하는 것은 어쩌면 나의 선택일 수 있다. 이렇게 볼 때, 불평과 분노가 선택의 문제라는 아들러의 지적은 틀리지 않다. 그러므로 저 사람이, 저런 상황이 나로 하여금 불평하게 만들었다고 말해선 안 된다. 그러는 대신 일이 더 나빠지지 않고 나쁜 상황이 호전되기를 바란다면, 불평 대신 먼저 감사를 선택하자. 행복한 사람에게는 감사라는 습관이 있다. 감사는 자신을 북돋우어 행복하게 만드는 아주 좋은 습관이다. 그러므로 감사하자. 진정 행복을 원한다면 말이다.

5) 감사는 현명한 대책이다.

월 보엔이 쓴《불평 없이 살아보기》라는 책이 있다. 이 책에는 보라색 밴드가 첨부돼 있는데, 3주, 즉 21일간 불평하지 않기 위한 훈련용이다. 훈련 방법은 밴드를 먼저 오른쪽 손목에 차고서 21일간 불평하지 않고 살아보는 것이다. 만일 21일이 되기 전에 평소처럼 무엇에 대해서든 불평하게 되면, 불평하지 않은 기간이 며칠이 되었든 왼쪽 손목으로 밴드를 옮겨 차고 처음부터 다시 불평하지 않은 날을 세기 시작하는 것이다. 이렇게 해서 21일 동안 불평하지 않으면 삶이 바뀐다는 게 월 보엔의 주장이다.

　하지만 내가 이것을 해보니 생각보다 쉬운 일은 아니었다. 습관처럼 불쑥 불평이 튀어나오는 바람에 '제로 세팅'(zero setting)을 하기를 반복했다. '21일간 불평하지 않기'를 완성하기까지 보통 6개월에서 1년이나 걸린다는 그의 말이 충분히 이해될 정도였다.

그러나 감사 나눔을 만나자, 나는 불평하지 않으려는 부정적 방법이 생각보다 효율적이지 않다는 것을 깨달았다. 불평하지 않으려고 애쓰기보다, 반대로 감사하려는 긍정적 노력이 삶을 바꾸는 데 훨씬 쉽고 유리하다는 것을 알게 되었기 때문이다.

감사하다 보면 불평은 저절로 하지 않게 된다. 감사하다 보면 나쁜 말이나 나쁜 행동은 아예 잊어버린다. 백 가지가 넘는 불평과 불만이 있어도 다 사라진 자신을 발견하게 된다. 감사해보면 알 수 있다. 불평 대신 감사할 거리가 생겨나는 삶의 기적을 체험하게 될 것이다.

감사 나눔의 기적

추천사

저는 이 세상을 사랑하는 '관계전도자'를 양육하는 것이 교회가 해야할 사명이라고 생각하며 관계전도에 헌신해왔습니다. 이 길을 가는 중에김남용 교수님을 만났습니다. 강의를 들을 때 관계전도를 위해 하고 있는 '행복의 길'에 감사 나눔을 넣어야 한다는 생각을 강하게 받았습니다.

곧바로 교수님의 강의와 다른 자료를 연구하여 관계전도를 위한 '행복의 길'에 '감사하기'를 넣었습니다. 그러면서 교회에서 본격적으로 감사 나눔 운동을 시작하였습니다. 코로나19로 힘들어 하던 교인들의 마음이 회복되기 시작하였습니다. 놀라운 변화를 겪는 교인들이 나오기 시작하고, 심지어 관계전도 대상자인 VIP와 감사 나눔을 하기 시작하였습니다. 코로나의 어둠이 가득한 현실 속에서도 마음의 등불이 켜지고, 이런 마음에 복음이 들어가기 시작하였습니다. 감사 나눔이 생각과 마음을 변화시키고 가정과 교회를 따뜻하게 하며, 주위 사람들에게 선한 영향을 끼치기 시작한것입니다.

김남용 교수님이 집중적인 연구와 그동안 섬겨왔던 실제적인 경험을 바탕으로 이 책을 쓰셨습니다. 지식만으로 쓴 책이 아니라 최근의 생생한 체험을 통해서, 감사 나눔으로 가정과 교회와 직장을 어떻게 변화시킬 수 있는지를 알게 하는 책입니다. 이 책을 읽고 감사 나눔을 하는 분들은 하늘의복을 누리는 경험을 하실 것이라고 확신합니다.

오명교 목사, 밝은교회

외국을 다녀보면 우리나라 사람들만큼 감사를 표현하는 데 인색한 민족도 드문 것 같다. 미국 사람들이 '땡큐'를 얼마나 잘하는가? 중국 사람이 감사를 안 할 것 같지만 '씨에씨에'를 참 잘한다. 일본 사람도 '아리가또'를 입에 달고 산다. 브라질 사람들은 '오브리가도'를 적어도 하루에 10번 이상 한다고 한다. 나는 지난 한 주 동안 하루에 몇 번이나 '감사합니다', '고맙습니다'라는 표현을 했을까?

저자는 우리 교회에서 오랜 시간 함께 신앙생활을 하면서 목자로도 동역하는 평신도 목회자이다. 저자는 '감사'를 긴 세월 동안 연습한 사람이다. 그가 지나온 삶은 거친 풍랑이 일고 비바람 몰아치는 바다 한 가운데를 뚫고 지나온 것과 같은 고통의 연속이었다. 그 고통은 지금도 끝나지 않았다. 서른이 넘은 딸 지선이는 코로나 팬데믹 속에서 더 절실한 기도제목이다. 그럼에도 불구하고 저자는 감사를 오늘도 또 연습한다. 개인적인 감사 연습이 공동체의 감사 훈련으로 연결되는 장면들을 나는 바로 옆에서 목격했다. 깨어진 가정, 위기를 겪고 있는 부부가 감사 훈련을 통해서 회복되는 이야기도 그의 주변에서는 종종 있는 일이다.

저자는 삶 자체가 감사가 무엇인지, 감사의 유익은 무엇인지, 어떻게 훈련하면 되는지 등을 보여주는 '감사 교과서'라 할 만하다. 나같이 말만 할 줄 알지 감사의 실체가 무엇인지 잘 모르는 모든 분들에게 이 책을 권한다. 함께 감사를 연습하자. 자꾸 훈련하다 보면 우리도 감사에 대해서 할 말이 있는 사람이 될지도 모르지 않는가?

김석홍 목사, 향상교회

● 저자와의 첫 만남은 아버지학교 진행자와 학생 사이로 이루어졌습니다. 저자는 차분한 진행과 마음을 움직이는 언변으로, 깊숙이 숨겨있는 치

부를 아무 거리낌없이 내뱉게 만드는 마법의 소유자이며, 모든 사람의 어려운 고민을 밑바닥까지 들어주는 경청의 달인이십니다.

우리 병원은 저자를 감사운동 담당고문으로 5년간 모시는 행운을 누려 정부로부터 나눔대상을 받기도 했으며, 감사운동이 환자치료에 큰 도움이 된다는 사실이 KBS 생로병사 프로그램을 통해 널리 알려지기도 했습니다. 출근길에 교통사고를 당했어도 더 큰 사고가 아니라서 감사하고, 남이 안 다쳐서 감사하고, 그래도 출근할 수 있어 감사하다는 저자의 감사에, 위로를 드려야 할 제가 오히려 위로받았던 상황이 생각납니다.

감사운동은 병원에서도 위력을 보였습니다. 병원이란 고통을 호소하는 환자를 포함하여 아주 다양한 직종의 직원들이 한 공간 안에서 생활하는 고밀집도의 직장입니다. 하지만 감사운동이 도입되면서 서로의 갈등이 이해와 감사로 승화되니 직장 분위기가 환해진 것은 물론이고, 60퍼센트를 넘나들던 이직률도 30퍼센트 아래로 떨어지는 기적을 맛보았습니다.

저자가 감사철학과 감사운동을 통해 얻은 좋은 경험이 이 책 곳곳에 담겨 있습니다. 이 책을 통해 모두 감사할 줄 아는 삶을 살게 되어, 감사 나눔으로 사회가 밝아지고 개인의 행복이 넘치는 세상이 되기를 기도합니다.

양성범, 다보스병원 이사장

감사를 쓰고 외친 지 3년이 넘었다. 대소경중의 놀라운 일이 일어났고, 그 파장은 내 삶을 너무도 풍성하게 했다. 그 시작에 김남용 감사충전소 소장님이 있다. 감사를 상담과 접목하고, 감사에 관한 책들을 읽고 나누는 감사 독후 나눔(북셰어링)의 연결을 시도한 이는 소장님이 처음이다. 그런 점에서 나는 그를 감사 선구자라고 칭하고 싶다. 감사의 개념과 실천적 원리가 이 책으로 활자화되어 감개무량하다. 진심으로 감사한 마음으로, 감사의 평생교재로서 독자들께 추천드린다.

백성기 목사, 참좋은교회, 감사충전소 대표

감사에 대해 설교했지만 감사의 삶을 살지는 못했다. 그래서일까? 마음이 불안하고 염려와 두려움으로 가득했었다. 김남용 소장님과는 두란노 아버지학교 사역 현장에서 몇 번 만난 것을 계기로 페이스북 친구가 되었는데, 어느 날 소장님이 매일 올리는 감사 나눔 글을 읽으면서 이상하게 마음에 울림이 생겼다. 연락을 드리자마자 흔쾌히 호주로 날아와 감사 나눔 특강을 해주셨는데, 그때부터 나의 삶도 완전히 달라졌다. 매일 30감사를 100일 동안 쓰게 되면서 감사의 능력을 체험했고, 쇼핑센터에서 만난 VIP들에게 감사 나눔을 보냈는데 예상 외로 반응이 좋았다. 그렇게 시작한 감사 나눔을 통한 VIP 전도가 수많은 교회로 퍼져가면서 놀라운 열매를 맺기 시작했고, 주님이 앞으로 또 어떻게 역사해가실지 기대가 된다.

김남용 교수님의 이 책을 통해서 감사를 나누는 삶을 살아가는 것이 얼마나 위대한 일인지를 더 많은 사람들이 경험하고 발견하게 되길 소망한다. 이 책이 안내하는 대로 매일 자신의 삶에 허락해주신 감사의 보물들을 찾아 적고 나눈다면, 반드시 감사와 기쁨과 행복이 가득한 삶을 살게 될 것이다.

민만규 목사, 호주 브리즈번 안디옥장로교회

전통적 이민 교회라는 환경 속에서 코로나 팬데믹이 엄습해온 기간이기에, 어쩌면 우리 모두에게 '감사 나눔'이 더 절실했을 수 있다. 여러 번의 설득 끝에 공동체에서 시작한 감사 나눔은 말 그대로 큰 파장을 일으켰다. 내 속에서 일기 시작한 감사의 파장은 코로나 팬데믹으로 우울증에 시달리는 사람을 일으키기도 했고 그 옆에 있는 지체들의 마음 문을 노크하고 들어가기 시작했다. 우울하고 힘든 이야기들이 마음을 지배하는 대신, 교회 공동체 식구들은 '그럼에도 불구하고 감사 나눔' 생활을 통해 새로운 관계가 열리는 것을 맛보기 시작했다.

안상헌 목사, 호주 시드니 삼일교회

나의 인생에는 몇 번의 터닝포인트(turning point)가 있었다. 가장 큰 것은 예수 그리스도를 만난 것이라고 감히 말할 수 있지만, 아내의 권유로 김남용 님을 만난 것도 인생의 귀한 전환점이 되었다. 그의 권유로 감사 나눔을 통하여 새로운 인생의 전환점을 경험하게 되었다.

나는 감사일기의 나눔을 통하여 나 자신의 일상을 뒤돌아보게 되었고, 감사 나눔이 변화되지 않던 지난날의 인격을 다듬는 귀한 기회가 되고 있다. 감추어진 자신의 인격이 감사일기 나눔을 통해 공개되면서, 다듬어지지 않고 변화가 일어나지 않던 일상이 조금씩 변화되고 있다.

아무리 좋은 성경 문구라도 실천이 없는 지식이라면 능력이 없기 마련이다. 그런데, 감사 나눔이 가져다준 기적은 세상이 말하는 성공신화가 아니다. 일상에서 소소한 삶의 이야기들이 감사로 채워질 때 더 많은 감사로 채워지면서, 마침내 '참 행복한 삶이 여기에 있었구나'라고 생각하게 될 것이다. 이 책은 감사 나눔의 기적이 일상에서 어떻게 구체적으로 이루어지는지에 대한 내용이고, 누구나 쉽게 그 기적을 경험할 수 있는 귀한 길잡이가 될 것이다. 삶의 현장에서 방황하고 좌절하던 많은 사람들에게 일상을 다시 회복시키는 중요한 기회를 만들어주는 도서가 될 것을 의심하지 않는다.

김정무, 감사충전소 대구지부장

차례

단하고 살아왔다 · 마음의 공간을 넓히는 방법 · 어떻게 범사에 감사할 수 있을까?

당연함과 익숙함 뒤에 진리가 있습니다.
당연함으로 가려진 그 진리를
감사를 통해 다시 드러내 보이세요.
당신 안에서 행복을 발견할 것입니다.
당신이 행복하기를 바랍니다.

1장

무조건 감사하고 나누세요

감사하면 행복해집니다!

1. 감사 나눔 운동을 하게 된 계기

이 글을 쓰기 8년 전으로 돌아간다. 물론 이전에도 감사의 삶은 진행 중이었지만, 진정한 감사를 배우게 되고 실천하면서 행복한 나날을 보내게 된 삶은 용인 다보스병원에서 근무하던 때에 시작되었다.

어느 날 다보스병원 양성범 이사장님으로부터 전화를 받았다.

"김남용 선생님, 이 이야기 좀 들어봐요. 내가 신문을 읽다가…."

양 이사장님의 이야기는 이러했다. 신문 한구석에 아주 작게 실린 기사 하나를 우연히 보았다고 한다. 포스코에서 진행하고 있는

'행복 125운동'에 관한 기사였다. 이사장님은 '행복을 운동한다'는 말이 흥미로워 기사를 읽기 시작했다고 했다. 그 내용은 더 흥미로웠다. '행복 125운동'이란 직원끼리 서로에게 하루에 두 번 5개의 감사를 표현하는 감사 나눔 운동이라고 했다. 동료 사이, 부서 사이, 상사와 부하 사이에서도 감사를 적어 발표하는 시간을 갖는데, 그 결과 직원 개개인이 행복해졌고, 관계가 회복돼 팀워크가 좋아졌으며, 회사의 성과까지 향상되었다고 했다. 그 소문이 돌고 돌아, 포스코에서 시작한 이 운동은 포항시 전체에까지 번져 있었다. 기사를 읽는 내내 양 이사장님은 다보스병원 식구들이 떠올랐다고 했다.

"그래서 말인데, 남용 선생님이 현장학습 삼아 포스코에 다녀오는 건 어떨까? 견학도 하고, 실제로 배워 와서 우리 병원에 적용시켜주면 좋겠는데."

직원과 그들의 가족이 행복하고 평안하기를 바라는 양 이사장님의 마음이 나를 감화시켰다. 이사장님의 제안을 받아들여 '행복 125운동', 즉 감사 나눔을 실천하고 있는 포스코에 견학을 가게 되었다. 그것이 내가 감사 나눔 운동을 시작한 기회였고, 그날의 뭉근한 감동을 아직도 잊을 수 없다.

포항 포스코에 방문했을 때 가장 먼저 눈에 들어온 건 거리의 현수막이었다.

"감사하면 행복해집니다!"

표어 같아 보이는 감사 현수막이 포스코의 거리를 도배하다시피 걸려 있었다. 첫눈에 감사가 배어 있는 회사라는 걸 알 수 있었다. 심지어 그 감사의 마음에 살짝 압도당하기까지 했는데, 그런 나를 한 번 더 놀라게 한 건 '100감사 갤러리'였다. 갤러리는 나 같은 방문객을 위해 마련된 공간이었다.

갤러리에는 100가지의 감사 글귀가 액자에 담겨 전시돼 있었다. 직원들이 가족에게 쓴 100가지의 감사였다. 나는 액자마다 관심을 가지고 읽어보기 시작했다.

"아들이 반에서 꼴찌를 했습니다. 감사합니다. 꼴찌했다고 기죽기는커녕, 밝은 학창시절을 보내고 있어서 감사합니다."

"감사합니다. 어제 아침 아내가 해장하라며 북어국을 끓여주었습니다. 술 먹고 늦게 들어온 남편이라 미웠을 텐데요. 아내가 있어서 감사합니다."

"퇴근 후 나를 반기는 딸이 있어 감사합니다. 하루의 피로가 딸의 미소와 함께 사라집니다. 감사합니다."

담겨 있던 감사의 글 전부를 기억할 순 없지만, 그 글을 읽으면서 웃고 뭉클해지며 따뜻해지는 걸 느낀 감정은 기억에 남아 있다. 방문객 대부분의 반응도 같았다. 커피를 마시며 잡담하는 사람은 거의 없었고, 어떤 이는 심각한 표정으로 팔짱을 끼고 서서 감사의 글을 읽었다. 어떤 이는 미소를 지었고, 또 어떤 이는 무엇이 아픔을 건드렸는지 슬픈 표정을 짓기도 했다.

갤러리에 걸린 감사의 내용은 신의 엄청난 계시도 아니고, 명언이나 진리도 아니고, 아주 사소한 것들이었다. 다만 평소 자주 하지 못한 이야기였다.

도대체 감사란 무엇일까? 그리고 그것을 떠올리고 나눈다는 것은 무엇일까? 그리하여 나를 비롯한 방문객 모두가 공통으로 느낀 울림은 무엇으로 설명할 수 있을까?

우리 병원에서도 그렇게 해보기로 했다. 이것을 전파하지 않을 이유가 없었다. 우리 모두를 위해, 감사를 나누지 않을 이유가 없었다.

서울로 돌아와 다보스병원 나름의 감사운동 방법과 원칙을 만들기 시작했다. 나는 꾸준히 감사 나눔 교육을 받았고, 배운 것을 교육했다. 전문 강사를 초빙해 리더들과 듣고 나누며 감사의 불씨를 지폈다. 우리가 병원의 감사운동 모델을 창조하는 셈이었다. 지금도 그렇지만, 당시에도 중형 이상 규모의 병원에서 감사 나눔을 하는 모델이 없었기 때문이다.

우리는 우선 상반기와 하반기에 감사의 불씨(감사운동의 시초가 되는 사람)들을 워크숍에 보냈다. 그리고 매월 1회 독서토론을 하도록 했다. 감사 나눔 운동이 꾸준히 유지되기 위해서는 교육과 독서가 필수라는 확신 때문이었다. 자칫 매너리즘에 빠져 "감사? 그까짓 것"이라고 치부할 수 있는 상황을 방지하기 위함이었다. 또한 매일 아침이면 병원 임원들이 모여 다섯 개씩 감사를 말하는 이른

바 '5감사 나눔'을 했다.

얼마 지나지 않아 변화가 찾아왔다. 우선 회의 분위기가 달라졌다. 병원 이야기뿐이어서 다소 차갑거나 딱딱하기도 했던 아침 회의에 임원 개인의 일상의 감사를 나누었기 때문이다. 마주 앉아 웃으며 서로를 독려하고 때로는 위로했다. 온기 없는 수술대와 의료기기와 특유의 약품 냄새가 가득한 곳이 병원이었다면, 감사 나눔 운동이 시작되니 병원 회의실 한가득 훈훈함을 머금게 되었다.

결국 일상의 사소한 감사가 불씨였다. 일상에서 찾은 감사에 대해 나누다 보니 임원 사이의 속사정을 알게 되고, 숨겨 두어 보지 못하던 사연을 알게 된 것이다. 더불어, 감사를 나눔에 따라 인정이 많아졌다. 그러면서 번지기 시작한 것이 서로에 대한 이해였다. 소통이 잦아지면서 직장 동료에 불과했던 관계가 사람 대 사람으로 재정립되었다. 친밀감도 높게 형성되었다.

임원진에서 시작된 이 운동은 곧 전 부서, 전 직원에게 퍼지게 되었다. 청결한 병동을 위해 애를 써주시는 청소부 여사님에게까지, 제대로 고르게 퍼져나갔다. 처음부터 모두가 환대한 운동은 아니었다. 먼저 효과를 본 임원의 지시에 도리 없이 하게 된 것인데, 여기저기서 놀라운 일이 일어났다.

어느 노인 환자는 젊은 환자 못지않은 회복력으로 빠른 쾌유를 보였고, 환자의 불만을 접수하기 위해 만든 '불만 박스'를 없애는 대신 '칭찬 박스'로 바꾸어 달았다. 간호사 이직률이 50퍼센트 감소되었고, 우리 병원 의료진이 KBS 생로병사에 방영되었으며, 보건복지부로부터 상을 받기도 했다. 감사를 나눴더니 우리에게 감사거리가 찾아왔다. 그중에서 특히, 어떤 고난이 와도 행복할 자신이 있다는 단단한 자부심이 생긴 것이 내가 받은 가장 큰 감사이다. 감사 나눔 운동은 이때부터 본격적으로 시작되었다.

2. 왜 감사 나눔인가?

'감사 일기'에 대해서는 익히 들어 보았을 것이다. 그것은 이름 그대로 감사를 일기로 쓰는 일이다. 감사 일기가 널리 퍼지게 된 건 미국의 방송인 오프라 윈프리 덕이다. 그녀의 성공 토대가 "하루에 일어난 일 중 다섯 가지를 매일, 10년간 일기에 적었기 때문"이라는 이야기가 알려지면서부터였다. 실로 대단한 감사 습관이다.

이와 달리 '감사 나눔'은 낯설 것이다. 감사 나눔이란 감사의 대상을 향해 감사 내용을 적고, 그것을 감사 대상에게 소리 내어 읽어주는 것을 말한다. 개인적인 감사 일기와는 조금 다른 형태의 감사 방식인데, 그 차이는 감사를 쓰는 것에 그치지 않고 '상대방에게 읽어준다'는 것에 있다. (그 대상이 가끔 나 자신이 될 수도 있다.) 이것은 감사 일기가 진화된 형태라고 할 수 있겠다. 나는 실제로 우리 모두에게 필요한 것은 '감사 나눔'이라고 생각한다.

사실 감사는 그 자체로 강력한 파동(波動)과 동조(同調)현상을 끌어낸다. 파동과 동조현상에 대해 잠시 설명하자면, 파동은 물결(전파) 같은 것이고 동조는 파동을 통한 '물듦'이다. 감사를 통한 파동과 동조는 따뜻한 반응을 보이는 것이라고 하겠다. 그리고 이 따뜻한 반응을 증폭시키는 것이 바로 '나눔'이다. 감사 나눔, 곧 감사를 소리 내어 읽어줄 때 그 효과는 2배에서 3배로 증가한다.

말로 하는 나눔을 통한 파동과 동조현상이 감사에서 중요한 이유는 감사가 전염되기 때문이다. 예를 들어, 우울한 사람이 있는 방에 들어가면 덩달아 기분이 우울해지는 걸 경험해보았을 것이다. 반대로 행복한 사람과 어울리면 행복에 물든 당신을 발견했을 것이다. 또 다른 예로, 퇴근 후에 집에 들어가면 그날따라 썰렁함 혹은 따뜻함 같은 전혀 다른 분위기를 느낄 수 있다. 어떤 일이 일어났는지 본인은 보지 못했어도 공기로 느끼는 것이다. 이것이 바로 동조현상이다.

감사한 것을 '소리 내어 읽기'는 감사하는 자신과 그걸 듣는 상대 모두의 마음에 커다란 파동을 일으킨다. "낭독은 나뿐만 아니라 타인의 삶까지 어루만지는 훌륭한 치유법"이라는 정여울 작가의 말처럼, 문장을 소리 내어 읽는 일은 모두에게 설렘과 평안을 준다. 더 설명할 것 없이, 힘들고 지친 날이면 "수고하고 무거운 짐 진 자들아, 다 내게로 오라"라는 예수님의 말씀을 묵독하는 대신 소리를 내어 읽어보면 금세 알 수 있다. 힘들었던 마음이 사라지고 주님이 계시다는 생각에 위로를 받는다.

또한 소리 내어 읽는다는 것은 '내 안의 또 다른 나'와 대화하는 기분을 갖게 하고, 입 밖으로 말을 뱉는 순간 그 말은 말한 주인을 위해 충성스럽게 일한다. 내가 감사를 말하면 상대는 감사해한다. 상쾌한 아침을 맞이한 것에 대해 말로 감사하면, 상쾌한 아침에 감사를 더 느끼도록 우리는 더 열심히 일한다. 더구나 내가 뱉는 모든 단어가 정신에 흔적을 남긴다는 것을 생각하면, 나눔은 더욱 중요해진다.

한편, 반복해서 사용하는 모든 말이 의식과 무의식의 신념체계 속으로 녹아 들어간다는 것을 알고 있는가? 이런 면을 보아도 감사를 반복해서 말하는 것은 더할 나위 없이 중요하다.

자신이 쓴 감사를 소리 내어 읽어주는 것은 우선 자기 자신을 향한 친절이다. 자기를 칭찬하며 격려해주는 것이기 때문이다. 자신에게 하는 감사를 쓰고 읽어주는 것은 더 깊이 자신을 만나는 것이다. 때론 평소 느끼지 못했던 타인의 따뜻한 목소리까지 들리는 것 같다. 따라서 감사를 소리 내어 나누는 것은 나 스스로 나를 다독이고, 아픔을 치유해야 하는 세상에서 가장 간소화된 심리 테라피(치료)가 될 수 있다.

호주 멜번 호산나교회의 한 목장(소그룹 공동체)에서 있었던 일이다. 그 목장에는 우울증으로 힘들어하던 목원(소그룹의 일원)이 있었다. 목장원들이 그 목원을 돕고자 했는데, 도움의 손길로 택한 방법이 바로 감사 나눔이었다. 목원들 모두 모임의 공용 SNS에 감사 나눔을 올리기로 했고, 일주일에 한 번 목장모임을 가질 때마다 돌아가면서 각자 감사한 내용을 읽기로 했다. 그게 전부였다. 그리고 일주일이 흘러 주중에 한 번 모이는 날이 되었다. 지난 한 주간 동안 SNS에 적어 올렸던 '감사'를 한 명씩 돌아가며 읽어 나갔다. 그때 강력한 파동이 목장원 전부에게 흘러갔다. 전과 달리 모두 마음을 열게 되고 분위기도 시끌벅적하게 된 것이다.

행복한 조잘거림의 결과, 특별한 변화는 우울증으로 아파하던 그 목원에게 일어났다. 늘 의기소침해 있거나 의욕이 없어 보이던 그가 감사 나눔에 참여하면서 점차 목소리가 높아지더니, 급기야 인상마저 밝아졌다. 변화는 거기서 그치지 않았다. 목장원 모두 그에게서 이런 기적을 들었다.

"저 우울증이 사라진 거 같아요. 축하해주세요!"

감사 나눔을 한 지 고작 한 달 만에 일어난 일이었다. 그날 그 목장은 바로 파티를 열었다. 목원의 고백에 감동하여 너도 나도 축하한다며 일어나서 얼싸안아주고 격하게 물개박수를 쳐주기도 했다. 우울증으로부터의 치유를 너나 할 것 없이 환영해주었다. 그 일이 있고 나서, 내가 후에 그 목원에게서 직접 들은 말이다.

"처음엔 부끄럽고 하기 싫다는 마음뿐이었어요. 그러다 다른 목원의 감사 나눔을 듣다 보니 저도 모르게 마음이 편안해져 미소를 짓게 되었고, 마침내 나도 하고 싶다는 생각이 들었어요"

누구도 그를 설득하거나 참여를 강요하지 않았다. 대신 파동이 그의 마음을 움직였다. 파동이 에너지를 준 것이다. 감사 나눔이 또 한 건 해냈다.

나는 이런 '감사 나눔'에 익숙한 세상이 속히 오기를 바란다. 이름 그대로 '감사를 나누는 일' 말이다. 감사 나눔의 선한 효과가 널리 퍼지는 날이 오면, 나는 이렇게 말할 것이다.

"감사 나눔의 살아있는 선한 결과들이 이 운동을 확대시켰습니다. 선함으로 동조된 세상이 와서 다행입니다. 또 감사할 일이 생겼군요. 감사합니다"

3. 100일 감사의 기적

내가 바뀌기 위해서는 뇌의 인식이 바뀌어야 하고, 뇌의 인식을 바꾸기 위해서는 최소 100일의 시간 투자가 필요하다. 100일을 보낸 후에야 뇌가 '그것'을 받아들여, 그제야 비로소 달라진 나를 만날 수 있기 때문이다. '변화를 위한 100일의 법칙'은 여기에서 나온 것이다.

감사 나눔도 마찬가지이다. 감사 나눔으로 변화된 나, 주변, 그리고 세상을 만나려면 적어도 꾸준히 감사를 나누는 100일이 필요하다. 내가 사람들에게 "100일간 매일 5개의 감사 나눔을 하면 기적이 일어난다"라고 호언장담하는 것도 그 때문이다.

진정성에 따라 다르겠지만 심지어 100일이 되기도 전에 놀라운 경험을 하는 사례도 무수히 많다. 좌우간 적어도 100일은 필요하다. 당신은 단 100일에 기적을 경험하게 될 것이다.

다음은 시드니에서 목회하는 호프교회 정민용 목사의 100일 감사 나눔 간증이다. 정 목사가 이루어낸 100일의 기적을 여러분에게 소개하고자 한다. 이 간증이 당신의 100일 감사 나눔에 도움을 줄 것이다.

시드니에서 사역하고 있는 정민용 목사입니다. 한 목사님을 통해 감사 나눔을 소개받았을 때 '아, 내가 잊어버린 것을 하고 계시구나'라는 생각이 들었습니다. 예전에 유기성 목사님이 소개하신 '예수님과 동행일기'를 쓰다가 멈추고 있었는데, 감사 나눔 이야기를 들으면서 그것 또한 다시 시작하고 싶은 동기가 생긴 것 같습니다.

지난 100일 동안 감사 나눔을 하면서 저에게 일어난 작은 변화 중의 하나는 '가족에 대한 친밀함'입니다. 저는 목회를 하면서 가족 사이에서, 특별히 아이들과 목적도 이유도 없이 함께 시간을 보내는 것을 힘들어했습니다. 일 중심이었고, 결과물이 없는 시간을 아까워 하는 성향이 걸림돌이 되어서였는지도 모릅니다. 그러나 감사 나눔을 하면서부터 아이가 학교에 다니고 건강하게 뛰노는 것 자체가 감사한 일이란 것이 눈에 들어오기 시작했습니다. 그러면서 드는 생각이, 아빠가 아이들과 목적 없이 시간을 보내고, 일상에서 추억을 만들어주는 것이 아이들에게 참 행복한 재산이 되겠다는 것이었습니다. 그때부터 일부러 일찍 집에 돌아가서 아이들과 놀거나 같이 자전거를 타는 등, 아이와 함께 하는 시간이 늘어났습니다. 처음에는 의지적으로 일주일에 한두 번 그렇게 했는데, 이제는 조금 습관이 됐는지 매일 자연스럽게 친밀한 관계를 나누는 제 모습을 보게 됩니다. 이제는 막내가 엄마보다 저를 더 좋아한다는 것이 작은 변화의 큰 증거입니다. 100일의 감사 나눔이 저에게 습관이 되어, 그 습관이 만들어준 결과입니다.

또 한 가지 변화는 아이들입니다. 아빠와 시간을 같이 보내니 아빠를 닮아가는 것 같습니다. 물론 좋은 것도 나쁜 것도 다 닮아가는 모양입니다. 그래서 부담이 되기는 하지만, 좋은 것만 조금씩 닮아가기를 기대하게 됩니다.

이전에는 "QT해라", "새벽기도 가자"라고 해도 말만으로 끝났지만, 이제는 조금씩 달라지고 있습니다. 저희 집에서 토요일 아침은 성도들과 같이 새벽기도를 하는 날입니다. 감사 나눔을 시작한 어느 날부터 초등학교 6학년인 셋째가 먼저 일어나 우리 부부를 깨웁니다. 새벽기도 가자고요. 그리고는 엄마 옆에서 자기 친구들과 교회 선생님 이름을 불러가며 기도하는데, 그 모습을 보고 제 아내가 울었다고 합니다. 아이들과 시간을 보내니, 그렇게 잔소리해도 되지 않던 변화가 자연스럽게 일어나는 것을 봅니다. 기적입니다.

또 다른 변화는 '남의 사생활을 보는 즐거움'입니다. 이상하게 들릴 수 있겠지만, 감사 나눔을 하다 보니 그 사람의 하루가 자연스레 그려집니다. 어떻게 지내고 있는지가 느껴지는 겁니다. 감사 나눔으로 남의 이야기를 듣기 때문입니다. 그것이 참 재미있습니다. 그들의 삶을 보면서 도전을 받고, 나도 저렇게 해봐야겠다는 마음이 생기고, 감사가 또 다른 감사를 낳는 것도 봅니다. 특히 아내와 충분히 대화하지 못하고 지나가는 날에도 감사 나눔을 하면 각자가 어떻게 살아가고 있고 무슨 생각을 하고 있는지를 간접적으로 나누게 됩니다. 제 아내는 요즘 제가 쓴 글을 보면서 "재밌다"고 합니다. 그걸 보는 것 자체가 감사하다는 말이자 저와 친밀감을 나누고 있다는 말이겠지요. 부부 사이에 신뢰가 더 강해진 것도 변화 중의 하나입니다.

또한 추가되는 변화는 '공동체의 친밀함'입니다. 저는 교회에서 리더십을 가진 몇몇 부부들과 감사 나눔을 하고 있습니다. 그들과 나눔을 하다 보니 일상의 공유를 통해 자신을 오픈하고, 또 상대가 오픈한 것을 보니 특별한 말이 없어도 친밀함을 느끼는 걸 봅니다. 교회 안에서 리더십 부부 사이에 감사 나눔을 하니 참 좋은 것 같습니다. 리더들은 자신이 섬기는 목장 식구들과 나눔방을 만들어 나누고 있는데 너무 좋아합니다. 그러다 보니 감사 나눔을 하지 않는 목장보다 감사 나눔을 하는

감사 나눔의 기적

목장이 더 밝고 시끌벅적합니다. 모임을 시작할 때 워밍업이 필요 없습니다. 주중에 감사 나눔을 통해 이미 다 알고 있으니까요. 감사 나눔으로 시끄러운 목장일수록 잘 되는 목장이더라고요.

저는 지난 100일을 돌아보면서, 감사는 '만드는 것'이 아니라 '찾는 것'임을 깨닫습니다. 없는 감사를 애써 만드는 것이 아니라, 이미 감사가 산더미처럼 쌓여 있는 하루를 지내면서 더 감사할 것을 찾아가는 것이죠. 결국 '범사에 감사하라'는 말은 억지로 '감사해야지, 감사해야지' 하는 게 아니라, "너는 이미 감사한 존재이고 감사 안에 있는 사람인데, 이를 잊어버릴 수 있으니 하루를 정리하면서 감사할 것을 다시 찾아보라"라고 하신 말씀인 것 같습니다.

저에게 생긴 은밀한 변화도 덧붙여 말씀드리겠습니다. 이제는 잠자리에 들기 전에 하루를 돌아볼 때면 마음이 참 따뜻해집니다. 한 사람, 한 사람, 이 상황, 저 상황이 참 행복했음을 느끼며 하나님께 감사로 마무리합니다. 100일 감사 나눔으로 변화된 모든 것에 감사를 드립니다.

감사는 '상대가 소중해 보이는 마음'이다. 이런 면에서 감사가 사라진다는 것은 상대에 대해 소중히 여기는 마음을 잊는 것과 같다. 고마움을 잃은 상태, 즉 귀하게 여기는 마음을 잃은 상태에서 아내는 남편을, 남편은 아내를 오직 의무적 존재로만 보게 된다. 당연함만 남는다.

2장

가정이 행복해지는
감사 나눔

사랑의 언어로 감사를 표현하라

1. 부부가 서로 감사하지 않을 때

부부관계를 회복하려는 열정은 대부분 아내에게 더 큰 것을 볼 수 있다. 상담 문의나 상담 참여를 위한 연락이 대부분 아내로부터 오는 것을 보면 그렇다. 문제는 따라주지 않는 남편들이다. 부부 문제임에도 불구하고 아내만 일방적으로 상담에 참석한다. 이번에 만난 부부도 그런 커플이다. 나는 별 수 없이 아내만 놓고 개인 상담부터 진행했다.

아내에겐 남편을 향한 의심이 있었다. 우연히 본 남편 핸드폰에서 낯선 이의 하트 메시지를 본 것이 원인이었다. 수상히 여긴 아내는 이 하트가 무엇을 의미하는지, 누구인지 남편을 추궁했던 모양이었다. 남편은 자기를 오해하는 아내를 답답해했고, 둘 사이는 어긋날 대로 어긋나 있었다. 사실 평소에도 부부 사이가 좋지 않았다고 했다.

공감형의 아내와 달리, 결론형이고 팩트형인 남편은 대화법에서부터 소통이 멈춰 있는 상태였다. 서로 벽을 쌓았고 신뢰가 무너져 있었다. 그랬기 때문에 기준에서 조금이라도 벗어나면 아내는 상대를 의심하고 불안해 하는 상태였다. 몇 차례 상담을 진행하는 동안 추가로 알게 된 것은, 과거에 받은 상처로 남편에게 높은 수치심과 우울증이 있는 것이었다. 남편 또한 상담이 필요한 경우임이 분명했다. 나는 남편을 만나고자 했다.

"남편도 함께 오시죠. 꼭 한 번 뵙고 돕고 싶은데요."

"아니예요. 절대 안 올 거예요. 제가 알아요. 상담이라면 질색을 하는 양반이라."

남편은 매번 자동차로 아내를 태워주고 상담이 끝나면 데려가는 게 전부였다. 내 상담실이 있는 건물의 주차장까지가 그의 발걸음의 끝이었는데, 주차장이라도 내려가 한번 만나고 싶다는 내게 그 아내는 손사래를 쳤다. 그런 그녀의 모습을 보면서 그가 어떤 남편일지 대충 짐작할 수 있었다. 자기를 터놓는 것에 어색한 전형적인 한국 남편이었다.

남편과의 상담은 실패했지만, 그럼에도 감사했던 것은 시간이

갈수록 부인의 마음이 편안해졌다는 것이다. 처음 상담하러 왔을 때 보였던 상처는 제법 아물어 있었다. 때가 되었다 싶어서, 아내에게 남편을 대상으로 50개의 감사를 써보라고 했다. 감사 나눔의 효과를 누리게 해주려는 것이었다. 그리고 30분 정도 지났을까, 그녀가 말했다.

"선생님, 남편에 대한 감사 글을 다 썼는데요."

"잘 하셨습니다. 그럼 쓰신 감사 50가지를 읽어볼까요?"

30분간 감사 글을 쓰며 속으로 감사했다면, 이제는 말하면서 나눌 시간이었다. 내 앞에서 그것을 읽게 했다.

아내는 떨리는 목소리로 한 줄 한 줄 읽어나가기 시작했다. 나는 가만히 들어주었다. 그녀는 감사 내용을 10개쯤 읽었을 때 눈물을 흘리기 시작했다. 감사를 통해 남편이 수고하는 측면을 다시 보게 되니 울컥했던 모양이다. 어떤 대목에선 나까지 울컥했다. 티를 낼 수는 없어서, 눈물을 참느라 혼이 났다.

'50가지 감사'에 적힌 그녀의 남편은 썩 괜찮은 사람이었다. 그렇게 제법 멋진 남편에 대해 감사의 글을 쓴 것은 다름 아닌 그녀였다. 나는 회복의 신호를 충분히 감지했다. 상담을 끝내기 전에, 그녀에게 부탁 하나를 했다. 바로 집에 가지 말고 남편과 한적한 곳에 들러 감사 카드를 읽어주라고. 북적거리는 분위기의 카페나 주변에 사람이 있는 곳이면 아무래도 깊이 감정을 교류하기 어렵기 때문이다. 나는 한강공원 주차장이나 아주 조용한 카페를 추천

감사 나눔의 기적

했다. 아내는 받은 조언을 충실히 따랐다. 남편과 한강공원에 들러, 인적 없는 강가에 앉아 남편에게 50감사를 읽어주었다.

"남편에게 고맙습니다. 고맙습…."

단 한 줄도 더 읽어갈 수 없었다. 그래도 억지로 50개의 감사를 읽으면서 나누는 내내, 아내와 남편은 펑펑 울었다고 한다. 남편은 마침내 아내를 껴안더니 이런 고백을 했다고 한다.

"당신이 나한테 감사한 일이 이렇게 많은지 몰랐어. 오히려 내가 감사할 게 더 많은데. 정말 고마워 여보!"

처음으로 자신을 인정해준 아내에게 고마움을 느낀 것이다. 그날 이후, 나는 주차장이 아닌 상담실에서 그 남편을 만날 수 있었다. 부부 모두 상담에 임한 후, 관계는 빠른 속도로 회복되었다.

남편이 상담에 참여하는 것만으로 감사했는데, 그중 나를 벅차게 한 남편의 고백은 바로 "힘들고 지칠 때면 아내의 50감사를 차 안에서 읽고 에너지를 충전한다"는 것이었다. 다시 들어도 벅찬 감동이다. 이곳에서 배워간 감사 나눔은 후에 그 가정의 자녀들에게까지 확대되어 가족 간에 화목을 찾게 되었다는 훈훈한 소식도 들었다. 감사한 일이다.

세계적 심리학자이자 부부 문제 연구가인 존 가트맨 박사는 이혼하는 부부에게 보이는 공통적인 특징 4가지가 비난, 방어, 경멸, 담쌓기라고 했다. 일반적으로 이 4가지의 진행 결과가 이혼이다. 비난, 방어, 경멸, 담쌓기가 진행되기 시작하면 배우자의 긍정적인 감정이나 칭찬, 자랑, 장점은 쏙 숨어 버린다. 좋은 면은 보이지 않고 생각나지 않게 만든다. 미워하는 마음 뒤에는 사실 상대방에 대해 칭찬하고 감사할 거리가 충분히 존재하는데도 말이다. 그래서 이것을 끌어내는 게 중요하다. 비난 따위에 가려 빛을 보지 못하고 있는 남편과 아내가 칭찬과 감사를 되새기게 하는 것이다. 부부 상담 중간쯤에 그동안 서로 수고했고 감사했던 일을 써서 읽어주는 것이 회복에 큰 도움이 되는 이유다.

갈등이 있는 부부나 가족을 보면 "사랑해! 고마워!" 같은 긍정 표현이 전혀 없다. 사랑의 언어를 말하지 않는 부부는 표현하는 부부보다 사랑을 덜 느끼며 살아간다. 감정을 나누는 언어들이 사라질 때, 우리 안의 '사랑 탱크'가 바닥을 보일 수밖에 없어서 불만과 불평이 많아지고, 부부 사이에 이해와 용납과 존중과 사랑이 결핍된다. 그러므로 불행한 부부가 아닌 행복한 부부가 되기 위해서는 감사를 꼭 써보기를, 그리하여 사랑으로 채워보기를 부탁한다.

2. 감사로 재구성하는 부부 친밀감

결혼 초기에 신혼의 달콤함에 빠져 있는 부부는 감사를 호흡처럼 자연스러운 일로 여긴다. 감사가 일상에 배어 있어서 그저 감사하고 또 감사해 한다. 그들에게 부부간의 감사거리를 찾아 쓰라고 하면 1000가지도 찾아낼 것이다.

"당신은 나를 위해 이 세상에 온 것 같아. 태어나주어서 고마워."

신혼 때 감사하는 '멘트'의 수준은 이 정도이다. 다만 한 가지 안타까운 것은, 이런 마음이 오래가지 않는다는 것이다. 평생 갈 것 같던 감사의 마음이 애석하게도 3개월에서 6개월, 길어야 1년이면 사라지곤 한다. 전부 그런 건 아닐 테지만, 내가 본 대부분의 부부는 그랬다. 그렇다고 사랑이 아예 없어진 건 아니다. 사랑은 하지만 갈등이 일어날 수 있는 것과 마찬가지로, 사랑은 하지만 감사는 하지 않는 것뿐이다.

사랑의 다른 형태는 의무감과 책임감이다. 의무와 책임으로 일주일에 5일, 때론 그 이상으로 일하고, 심지어 주말도 없이 일한다. 매일 하루 세끼를 의무적으로 요리하듯이, 부부는 이미 충분히 서로를 '의무적으로' 사랑한다. 의무와 책임에 소홀한 부부는 보기 드물다. 반면 감사의 다른 형태는 친밀감이다. 오래된 관계일수록 의무감과 책임감은 커지고 친밀감은 등한시하기 쉬운데, 부부 갈등의 대부분은 여기서 발생한다. 감사가 사라진 부부는 상담하러 나를 찾게 될지도 모른다. 물론 상담조차 하지 않는 게 더 문제가 되겠지만.

감사는 '상대가 소중해 보이는 마음'이다. 이런 면에서 감사가 사라진다는 것은 상대에 대해 소중히 여기는 마음을 잊는 것과 같다. 고마움을 잃은 상태, 즉 귀하게 여기는 마음을 잃은 상태에서 아내는 남편을, 남편은 아내를 오직 의무적 존재로만 보게 된다.

당연함만 남는다. 고마운 것은 잊고, 남아 있는 의무에 대해 잘잘못을 가린다. 서로를 각자로 보게 되며, 옳고 그름을 판단하고, 심하게는 나와 맞지 않는 사람이라고 단정짓기도 한다. 부부 갈등의 원인 대부분을 성격차이라고 말하는 것은 그 때문이다. 태어날 때부터 나와는 이미 다른 사람이었으나, 친밀감이 있던 때에는 '나를 위해 태어나준 사람'이, 친밀감이 없어진 후엔 '나와 완전히 다른 사람'이 되어버린 것을 모르고서 말이다. 성격차이는 부부 스스로 각자를 다툼의 원인으로 만들어 버린 결과 보게 되는 관점의 차이일 뿐이다.

성격차이라고 보기 시작하여 이혼 위기까지 갔던 사례가 있다. 온라인 회의 플랫폼을 통해 호주 멜번 호산나교회에서 감사 나눔 특강을 하는 날이었다. 강의 중간에 실습으로 배우자나 부모에게 '30감사'를 써보도록 했는데, 컴퓨터 화면 한 편에 있던 자매가 눈물을 훔치며 감사를 쓰고 있었다. 다른 자매들과 달리 뚝뚝 눈물을 흘리고 있는 모습을 보고서 심상치 않음을 직감했고, 자매와 짧은 대화를 시도했다. 대화를 통해 눈물의 의미를 알게 되었다. 작게라도 도움이 절실한 사람이었다.

자매의 부부는 그동안 꾸준히 다퉈온 상태였다. 다툼의 최종 결말로 그 강의 전날에 이혼하기로 결정했고, 남편은 바로 집을 나가 아직 돌아오지 않는 중이라고 했다. 그리고 특강 다음날이 이혼하러 가는 날이라고 했다. 그러니 오늘 하는 배우자 감사 나눔은 이혼하기 전에 남편에게 하는 마지막 감사인 셈이었다. 자매는 이야기를 이어나갔다.

"감사 30가지를 적으며 남편이 잘해준 게 생각나서 눈물이 났어요. 정말 고마운 사람이었어요. 그리고 생각하니 몰라준 저만 보였어요. 남편이 너무 고맙고, 한편으로 너무 미안하고, 생각해보니 우리 남편처럼 저에게 잘해주는 사람은 못 만날 거예요"

자매는 남편이 자신을 속상하게 만든 일에만 초점을 맞추고 산 것이다. 잘해준 것은 잊고 당연한 것으로 여기며, 본인을 힘들게 만든 일에만 초점을 맞춰 남편을 보았던 것이다. 본인이 만든 '당신은 그런 사람'이라는 프레임에 남편을 가둬두고 살았는데, 감사 나눔을 통해 그 프레임이 깨지고 나니 자기 스스로를 볼 수 있게 된 것이다. 그때부터 본인에게 더 많은 잘못이 있음을 알게 되면서, 미안함과 고마움에 어쩔 줄 몰라 하염없이 눈물이 나왔다는 게 자매의 이야기였다. 특강 마지막에 자매가 했던 말이 기억에 남는다.

"절대 이혼하지 않을 거예요!"

나를 포함해 수업에 참여한 전부는 두 손 모아 박수를 쳤다. 이혼가정이 될 뻔한 한 가족을 지켜냈다는 건 모두에게 축복이었다.

그날 그 가정의 회복을 도울 수 있었던 핵심은 부부로 살아오면서 느낀 감사를 표현하고 칭찬했다는 것이다. 사실 알고 보면 우리 삶은 감사투성이다. 오늘도 가족을 위해 열심히 일했고, 다친

곳 없이 건강하게 살아있다는 자체만으로 감사해야 마땅한데, 늘 잘못만 보고, 기대하는 것만 이야기하고, 고마운 일에 대해선 당연시하는 것이 문제다. 당연한 것은 어디에도 없다. 대신 당연히 여기는 나쁜 마음, 그것을 감사로 대체해야 한다.

내가 만들어둔 '당신은 원래 그런 사람'이라는 낙인과 프레임을 감사 나눔으로 깨야 한다. 감사가 좋은 이유는 이런 일에도 있다. 상대의 문제에 관해 이야기를 나누다 보면 골이 더 깊어질 때가 있는데, 대신 감사하면 매일 보던 (사실은 내가 만든) 상대방의 잘못 대신 자신의 모습을 바라보게 해주어 마음이 객관성을 갖게 되고, 그때부터 배우자가 힘들어하는 것을 생각해보게 되는 것이다. 찾으려도 찾을 수 없을 것 같던 것이 비로소 보이게 되는 것이다.

감사한 것만 떠올려 보았더니 문제 전체가 해결되었다. 그때 문제는 정말 별것 아닌 것이 된다. 부부싸움의 실체는 사실 별것 없는 감정싸움이었기 때문이다. 다툼의 본질은 어느 순간부터 잊어버리고, 결국 감정만 남아 '당신 탓' 혹은 '너는 원래 그런 사람'이라고 서로를 원망하거나 미워한 게 전부였기 때문이다.

사소한 것이 차곡차곡 쌓여서 부부 사이에 벽을 만들게 된다. 그러므로 벽이 쌓일 새가 없도록 일상에서 사소한 감사를 나누어보자. 감사 나눔을 할 때 특히 말로써, 목소리를 통해 마음의 따뜻함을 전달하자.

감사 나눔의 기적

3. 예비부부의 감사하기

우리나라에선 부부 상담을 하는 곳이라고 하면 보통 부부간에 갈등이 고조되었을 때 방문하여 도움을 받는 곳이라는 인식이 아직 강하다. 상담에 대한 인식에서 개선돼야 할 부분이다. 물론 전문가인 나의 생각은 다르다. 부부 상담은 갈등이 생기기 전에, 아예 결혼하기 전에 받아보는 것이 더 낫다. 불난 후에 불 끄러 오기보다 미리 알고서 예방하는 것이 보다 현명한 대처라는 것이다. 결혼 후에 다가올 상황과 문제에 대처하는 지혜를 배운 다음 결혼한 예비부부와, 그런 부부관계 공부 없이 결혼한 예비부부의 결혼 생활이 같을 리가 없다. 고로 결혼 전에 미리 그 방법을 배우고 결혼하면 좋겠다는 것이 나의 바람이다.

요즘은 감사하게도 예비부부가 상담하러 오는 경우가 증가하는 추세다. 준비된 아내와 남편으로서 살고자 하는 이들이 적게나마 많아지는 것이다. 나를 찾아온 그들과 상담하는 내용은 주로 이런 것이다. 상대가 화가 났을 때 어떤 태도로 반응하면 좋을지, 대화는 어떤 식으로 하는 것이 보다 만족스러울지, 사랑의 언어는 무엇인지, 부부싸움을 한 뒤에 화해하는 방법은 무엇인지 등이다. 의욕이 넘치는 젊은 예비부부는 상담 내용을 받아 적기도 하는데, 얼마나 기특하고 예쁜지 모른다. 그런 이들을 보면 뭐라도 하나 더 쥐어주고 싶은 아빠의 마음이 불쑥 튀어나와 상담 후에 내가 반드시 선물하는 것이 있다. 각자의 부모님을 대상으로 족자 위에 100

감사를 쓰도록 하는 것이다. 감사의 내용은 저마다 다르겠지만, 나를 낳아주셔서 감사하고, 나의 부모라서 감사하며, 시집가고 장가갈 때까지 성심으로 길러주셔서 감사하다는 게 보통이다. 아주 사소해 보이는 감사이지만, 우러나는 진심만 있으면 무엇이든 감사가 될 수 있다.

결혼식 당일, 각자 부모에게 쓴 100감사 중 10감사 정도를 골라 녹화한 영상을 보여주도록 한다. 영상으로 먼저 감사를 공표하고, 100감사가 쓰인 족자는 결혼식 도중에 양가 부모님께 인사드릴 때 함께 드리면 된다. 결혼식 하는 날에 부모에게 드리는 선물인 셈이다. 장담하건대, 모든 부모는 인사와 함께 족자에 새긴 100감사를 받으면 백이면 백 감동하게 된다.

"나는 잊고 있었는데 너희들은 전부 기억하고 있었구나. 그리고 감사하게 여겨주었구나."

자식의 감사에 오히려 감사하는 게 부모 마음이다. 자식에게 해준 것은 잊고 자식에게 받은 기쁨만 가져가는 게 부모라지만, 자식의 감사를 듣고서 '부모가 되어주심'을 인정받는 순간은 얼마나 찬란한 감동일까. 내가 혼주가 되어 결혼식장에 가서 앉을 때, 내 자식이 내게 100감사를 적은 족자를 선물해준다는 생각만 해도 벌써 울컥하는 감정이 올라온다.

우리는 부모님께 말로는 감사하지만 구체적으로 표현하지 못하고 지낸다. 하지만 이제라도 부모에게 감사하는 내용을 구체적으

감사 나눔의 기적

로 글로 쓰면 지난 날에 대한 좋은 기억을 되살리게 될 것이다. 감사는 주로 즐거웠고 행복했던 일에 대한 표현이기 때문이다. 부모들은 자신들이 자식에게 베푼 은혜임에도 불구하고 대부분 잊고산 일들이라, 마치 새로운 사실을 듣는 것처럼 놀라고 보람을 느끼기도 한다. 제법 성숙한 부모가 된 것처럼 자신을 뿌듯하게 여기기도 하며, 잘 자라준 자식이 고마워서 어떤 부모는 이 감사 족자를 죽을 때 무덤에 넣어달라는 부탁까지 한다.

부모에 대한 감사를 쓰는 것은 예비부부 상담을 하러 온 이들에게는 물론, 내가 가끔 주례를 맡게 되는 경우에도 빠짐없이 하는 주례사 내용이 된다. 주례할 때 신랑과 신부를 낳아주고 길러주신 부모에 대해 반드시 100감사를 쓰고 전달하게 한다. 예비부부에게 내가 줄 수 있는 축복이자 최선의 선물이다. 감사하게 만드는 일, 그것이 곧 선물인 것이다.

4. 결혼이 부도수표라고?

예나 지금이나 결혼식에서 빠지지 않는 의례적 질문이 있다면 바로 이것이 아닐까 싶다.

"검은 머리 파뿌리 될 때까지 변함없는 사랑을 약속하며, 서로에게 소중한 존재로서 살아갈 것을 약속하겠습니까?"

"네! 물론입니다!"

"네. 좋은 아내가 되겠습니다."

대답한 뒤에는 혼인서약을 하고 성혼선언문도 읽는다. 전부 아름다운 문장들뿐이다. 서로를 아끼며 존중하고, 진실로 행복한 부부가 되겠노라며 하객 앞 당당하게 "네"를 외치던 그들은 과연 혼인서약대로 살고 있을까?

한 젊은 부부가 찾아왔다. 혼인신고서에 찍힌 도장의 잉크가 아직 마르지도 않았을 만큼 따끈따끈한 신혼부부였다. 신혼부부라고 문제가 생길 게 뭐 있겠나 싶지만, 그렇지만도 않은 게 부부 사이다. '관계'에 해당하는 사이인 만큼 어느 곳에도 문제는 생길 수 있는데, 이 커플이 나를 방문한 이유는 부부의 성격차이로 인한 상담 요청이었다. 아내는 결혼 전엔 몰랐던 사실을 알게 되었다고 했다. 그렇게나 믿음직하던 오빠가 막상 살아보니 그런 사람이 아니었다고, 결혼 후 변해도 너무 변했다며 이런 말을 했다.

"이 결혼은 부도수표예요!"

깜찍하고 발칙하기도 하여라. 부도수표라는 새댁의 말에 신랑도 발끈했다.

"저도 마찬가지예요!"

피차 부도수표라며 내 앞에서 핏대를 세웠다. 전문가인 내가 나서서 해결할 때다.

결혼 후에 부부는 결혼 전에는 보여주지 않은 모습을 보여주게 되고, 또 보지 못한 상대의 모습을 보게 된다. 밖에서는 가면을 쓴 채 자신을 드러내지 않지만, 가장 거리낌 없는 부부 사이가 되고 나면 불편한 감정을 함부로 드러내기 쉽기 때문이다. 그러면서 결혼 전에는 알지 못한 배우자의 단점과 상처도 보게 되는데, "당신한테 이런 면이 있었어?"라며 놀라게 되는 반면, 상대방은 "이런 나까지 사랑해달라"라고 요구한다. "결혼 전까지 모르고 있던 당신의 무의식적인 단점을 덜컥 결혼해버린 다음 이제 와서 보여주더니 심지어 이해하고 사랑까지 해달라고?" 갈등은 여기에서 빚어진다. 처음 본 배우자의 모습을 이해하기 힘들어 항의하고 고함도 친다. 그러다 부도수표라는 말까지 나오게 된 것이다. 이번에 만났던 신혼부부도 부도수표를 주장하던 경우였다.

안도의 말을 하나 하자면, 사실 누구에게나 결혼에서 부도수표는 당연할 수밖에 없다. 자신의 원가족에게 받은 상처로 배우자에게 반응하기 때문이다. 따라서 모든 결혼은 부도수표가 맞다.

나는 부부 상담을 할 때 두 가지에 초점을 맞춰 질문한다. 첫째로 부부 상담을 통해 부부 갈등의 원인이 무엇인지 확인하고, 둘째로 각자의 개인 상담을 통해 성장과정에서 부모의 영향력과 성품과 말 습관과 태도에 대해 질문한다. 서로가 알지 못했던 원가족으로부터의 상처에 대해 파악하고 이해시켜주려는 것이다. 그로 말미암아 부부는 자신이 앓고 있던 아픔을 알게 되고, 이로 인해 배우자에게 상처를 주었음을 인정하며, 본인 때문에 배우자가 힘들었던 부분을 이해하게 된다. 상담실을 방문할 때면 대부분의 부부가 "저 사람이 달라져야 한다"고 주장했지만, 부부 갈등의 원인이 배우자에게만 있는 것이 아님을 객관적으로 알게 되면서 부부 사이가 조금은 좁혀지게 된다.

나는 이쯤에서 배우자에 대해 칭찬하거나 감사했던 것 50가지를 써보게 한다. 이해를 통해 부부 사이가 좁혀졌다면, 이제는 완전히 봉합해버리기 위한 작전이다. 내 안에 감사가 없으면 배우자를 불평불만으로 바라볼 수밖에 없기 때문이다. 따라서 부부 사이에는 반드시 감사가 필요하다. 어떤 아내는 남편에 대한 감사 내용을 쓰면서 울기도 한다. 부부끼리 감사를 쓰고 서로 읽어주기를 하면 감정이 복받쳐 올라온다. 자신에게 감사하는 내용을 배우자의 목소리를 통해 들으니 감정과 마음이 모두 전달되어 감동이 된다.

우리 부부도 소위 말하는 '로또 부부'다. 정말 맞는 게 하나도 없다. (보다 정확히 말하자면, 맞는 게 하나도 없었다. 감사하기 전까지는 말이다.) 하지만 감사하면서부터 그렇지 않음을 깨달았다. '내 옆에 있는 이 사람이 참 괜찮은 배우자로구나'라고 생각하게 된 것이다.

결혼은 부도수표라고 말하지만, 자신이 먼저 일상에서 감사하며 생활하게 되면 배우자가 내게 꼭 필요한 사람인 것을 알 수 있다. 하나님이 왜 그 많고 많은 사람 중에 이 사람을 나의 반려자로 만나게 해주셨는지 이유를 알게 된다. 그러니 부부 사이라면 최소 100감사 정도는 써보도록 하자. 배우자가 내게 보석 같은 존재임을 비로소 알게 될 테니 말이다.

5. 가족 갈등 해결엔 감사가 딱이다!

딸만 다섯인 가정에서 일어난 이야기이다. 이야기를 하기에 앞서 그 집 딸들의 상황에 대한 설명이 필요하다. 첫째 딸은 결혼했으나 자녀가 없다. 대신 강아지를 아이처럼 키우고 있다. 첫째는 막내와 사이가 각별하다. 막내의 신장을 기증받았기 때문이다. 이 가정은 첫째부터 넷째까지 4명은 결혼해 출가했다. 다만 아직 시집 안 간 막내만 부모님과 살고 있다. 막내 나이는 30살이다. 알레르기가 있고 아토피로 피부가 좋지 않아 청결과 피부에 신경 쓰며 산다.

하루는 아버지 생일이 되어 딸 다섯이 다 모였다. 다섯 딸이 모였으니 얼마나 다복한 생일일 것인가? 물론 시작은 그랬다. 딸들이 각자 집에서 만들어온 음식을 상다리 휘어지게 차려 놓고 즐거운 시간을 보내는 중이었다. 큰딸은 가족 같은 강아지도 잔치에 데려갔는데, 깔끔한 막내가 큰 언니에게 이런 부탁을 했다.

"언니, 강아지 내 방에 들여보내면 안 돼."

"알겠어. 신경 쓸게."

식사를 마친 막내는 자기 방에서 잠시 쉬고 있었다. 큰 언니가 방심한 사이, 그 틈으로 강아지가 막내 방에 들어갔다. 문이 살며시 열려 있던 것은 몰랐던 모양이다. 강아지는 누워 있던 막내의 침대에도 올라가 이리 뛰고 저리 뛰며 놀았다. 그 모습을 본 막내는 질겁해 큰 소리로 화를 내며 강아지를 때렸다.

"야! 뭐 하는 거야! 누가 올라오래? 어? 당장 내려가! 당장!"

"끼깅끼깅."

알레르기로 털에 민감한 막내였다. 몇 대 맞고 끼깅대는 강아지 소리에 놀란 큰 언니가 막내 방으로 뛰어왔다. 강아지는 막내에 겐 한낱 털 날리는 동물이었지만, 큰 언니에겐 자식이나 다름없는 반려가족이다. 큰 언니는 강아지를 들쳐 안고 막내에게 고함쳤다.

"뭐 하는 거야! 강아지가 뭘 안다고 그렇게 소리를 질러! 그럴 수 도 있지. 너 너무 예민한 거 아니니?"

"언니, 내가 알레르기 때문에 고생하는 거 몰라? 나는 언니를 위 해 간이식까지 해주었는데, 언니는 이게 뭐야? 고작 강아지 가지 고 나한테 이렇게 화낼 일이야?"

그러자 언니가 울부짖었다.

"네가 더 너무 한 거 아니야? 우울증까지 왔을 때 나에게 힘이 되어준 유일한 친구가 이 강아지야. 너희들은 나한테 해준 게 뭐 가 있어? 그동안 나 혼자 힘들 때 누가 찾아와주기를 했어, 전화 하기를 했어? 어?"

그러자 아버지까지 끼어들었다.

"그만들 해라. 다 아버지인 내 잘못이다. 생일이라고 모여 놓고 이게 무슨 일이니?"

가족끼리 고성이 오갔고 생일 분위기는 엉망이 되고 말았다. 감 정이 격해진 두 자매는 하지 않아도 될 말까지 했고, 큰 언니는 그 동안 가족에게도 하지 못했던 우울증 고백까지 했다. 하필 아버지 생일에 말이다. 축하를 위해 모인 자리였지만, 언니에게 힘들었던 일만 알게 되어 어색해진 채, 자매들은 각자 집으로 돌아갔다.

그날 저녁, 가족 단톡방에 메시지가 하나 올라왔다. 내게 감사 나눔을 배웠던 셋째 딸의 메시지였다.

"우리, 큰 언니에 대해 감사와 칭찬할 일을 다섯 가지 이상 올려보는 게 어때? 내가 감사 나눔에 대해 배웠는데 정말 좋더라고. 우리도 해보자! 나부터 할게. 감사합니다. 우리 큰 언니는….."

셋째 딸은 큰 언니에 대해 감사한 7가지를 써서 올렸다. 연이어 둘째와 넷째도 큰 언니에 대한 감사 7가지를 올렸고, 마지막으로 막내도 마지못한 듯 감사의 글을 올렸다.

사실 큰 언니는 이 가정에서 가장 고마운 사람이었다. 맏이로서 동생들이 시집갈 때마다 경제적으로 도움을 주었고, 딸 다섯인 이 가정에 대들보나 다름없는 존재였다. 그걸 막내동생도 모를 리 없었다. 큰 언니에 대한 감사를 쓰다 보니 유난스럽게 굴었던 자신을 반성하게 되었고, 그때부터 언니에 대해 미안한 마음까지 몰려왔다.

그날 밤 늦도록 큰 언니는 4명의 동생들이 써준 감사와 칭찬의 글에 감동해서 울었다. 동생들이 자신에게 이렇게나 감사해하는 줄은 몰랐기 때문이다. 마음이 풀리자 막내에게 화를 낸 자신이 부끄러워졌고, 본인이 과했다는 생각이 들었다. 곧장 막내에게 미안하다고 말했고, 좋은 모습을 보이지 못해 부모님께도 죄송하다며 용서를 구했다. 셋째 딸의 감사 나눔으로 가정이 회복이 된 것이다. 이와 비슷한 일은 어느 가정에서나 일어난다. 따라서 감사 나눔이라는 해결책을 눈여겨보았다가 자신의 가정에 적용해 볼 수 있다.

가족 간의 문제는 풀기 위해 노력한다고 해서 다 잘 되는 건 아니다. 서로 주고받은 애증이 있기 때문이다. 경우에 따라 억지로 문제를 해결하려는 노력이 오히려 싸움으로 번지는 것도 이 때문이다. 그러므로 문제 해결에 주안점을 두지 말라. 문제를 해결하려 들면 잘잘못부터 서로 지적하기 쉽기 때문이다. 대신 상대방에 대한 감사나 칭찬을 해주면 서로의 문제가 오십보백보가 된다. 잘한 것과 못한 것이 본질적으로 차이가 없어지게 된다.

가족치료전문가들은 가족이라는 혈육관계의 의무를 당연하게 여기고 그런 관계에 익숙해지면 서로에 대한 칭찬과 감사를 의외로 못한다고 지적한다. 익숙함이 소중함을 잊게 하는 것이다. 그러므로 가족일수록 더 감사를 나누어보자. 익숙함에 가려진 소중함이 보이기 시작할 것이다. 감사할 것이 참 많은 세상이다. 가정은 오죽하랴.

6. 가정에서 천국을 경험하는 법

감사 나눔이 가정에 주는 효과는 소속감과 유대감이 형성되고 공동체를 경험하게 해주는 것이다. 이것이 가족과 함께 감사 나눔을 해야 하는 충분한 이유이다. 다음은 가정에서 하는 감사 나눔의 방법이다. 실제로 우리집에서 일어났던 감사 나눔의 사례도 덧붙인다.

1) 가정에서 '감사 나눔'을 하는 개략적인 방법

- 주 3회 정도 하기로 계획한다.
- 특정 요일의 저녁 시간을 감사 나눔 시간으로 정해놓고, 일부 구성원이 참석하지 못해도 진행한다. 빠짐없이 꾸준히 하는 것이 감사 나눔의 목적이 되어야 한다.
- '5감사', 즉 감사할 것 다섯 가지를 쓰고 말하기를 시작한다. 어린 자녀들은 한 개나 두 개의 감사를 말하기로 시작해도 좋다.
- 처음 한 달은 리더 역할을 맡은 사람(주로 가장) 또는 감사 나눔을 교육받은 사람이 먼저 감사를 나누기로 한다.
- 자녀들의 감사 내용이 매번 비슷하거나 문장이 짧다고 할지라도 기다려주어야 한다.
- 가족이 흩어져 살고 있어서 대면하여 감사 나눔을 할 수 없는 경우는 밴드 같은 SNS를 이용하는 것도 괜찮다. 가족 중 일부가 해외에 살고 있어서 이런 방법으로 감사 나눔을 하는 가정도 많다.

2) 가정의 감사 나눔 진행법

(1) 리더의 역할

- 시간 준수가 중요하다. '감사 나눔'을 하기로 정한 시간은 매번 빠짐없이 지켜야 한다.
- 구성원이 모두 말할 수 있도록 '기회의 공정성'을 제공해야 한다. 말이 길어지는 사람이 있다면 손을 들어 신호를 보내준다.
- 과일이나 주스, 적어도 물이라도 준비한다.
- 기독교인 가정이라면, 마무리할 때 길게 기도하기보다 간단하게 주기도문으로 마친다. 감사 나눔을 가정예배와 구분하려는 의도이다.

(2) 공적인 말하기 : 민주성, 공정성, 객관성에 핵심을 두어 말한다.
- 상대방이 말할 때는 집중하여 얼굴을 보며 들어준다.
- 상대방이 말할 때는 끼어들지 않는다. 끝까지 들어준다.
- 주제를 벗어난 질문은 하지 않는다. 오직 감사 나눔에 대해서만 이야기한다.
- 상대방이 OO에 감사했다고 말하면 "OO에 감사했구나" 하고 반응해준다. 그러면 상대방은 더 구체적으로 말하게 된다. 구체적으로 설명하지 않으면 "OO에 감사했네"라고 반응한 뒤 "왜?"라고 물으면 된다. 간혹 너무 간단하게 '5감사'만 말하고 끝내는 식구가 있

감사 나눔의 기적

다. "아침 먹어서 감사", "시험 100점 맞을 것을 알아서 감사" 하는 식이다. 그렇게 10분도 안 되어 끝내는 가정이 있는데, 이런 건 50 점짜리 감사 나눔이다. '감사 나눔'은 감사하는 시간인 동시에 나누는 시간이어야 한다. '감사 나눔'은 '나눔'을 통해 '소통'까지 하는 시간이어야 하기 때문이다.

(3) 말하기의 두 가지 방법

① 두괄식 말하기

주장을 먼저 말하고, '왜냐하면'(이유를 말하고), '예컨대'(예를 들고), '따라서 그런 주장을 한다'라고 말하면 된다.

② I(아이, 나) 메시지로 말하기

I 메시지란 나 중심으로 내 생각을 말하는 방식이다. 예를 들면 "나는 무엇을 하면 짜증이 나"라고 말하는 것이다. I 메시지의 반대는 너(you) 중심으로 말하는 U 메시지인데, 예를 들면 이런 것이다. "너는 이게 뭐니? 짜증 나게."

이러면 본인에게 난 짜증을 상대 탓으로 돌리는 느낌이 든다. 하지만 I 메시지는 관계를 이어주는 데 효과적이다. 나의 감정을 있는 그대로 솔직하게 말하되, 이것은 내가 느낀 감정이지 당신 잘못이 아니라고 상대에게 알릴 수 있어서 좋다.

3) 우리집의 감사 나눔, 중학교 1학년의 싸움과 화해

감사 나눔을 통한 생생한 효과들을 접하면서 우리 가정도 당장 시작해야 한다고 생각하게 되었다. 우선 '하루 5감사'부터 하자고 제안했다. 하지만 그때 내가 가족들에게 받은 상처는 아직도 잊을 수 없다.

"감사가 뭐야? 됐어! 안 해."

두 아들은 이렇게 묵묵부답이었는데, 감사 나눔에 열심히 참여하면 용돈을 올려주겠다는 내 말에 그제야 반응을 보였다.

"어, 아빠. 열심히 할게. 용돈 올려줄 거지? 약속 지킬 거지?"

주말에 닌텐도 게임을 한 시간 더 하도록 허락해주겠다는 추가제안도 필요하긴 했다. 이럴 때 보면 아이들은 협상의 달인이다. 이것이 우리 가정의 감사 나눔 시작이었다.

아이들은 처음에는 유치원생 수준의 5감사를 써냈다.

1. 해가 떠서 감사.

2. 학교 갔다 와서 감사.

3. 밥 먹어서 감사.

4. 친구랑 놀아서 감사.

5. 잠잘 수 있어서 감사.

이것을 거의 한달 정도 반복해서 들은 것 같다. 30일 내내 해가 떠서 감사했고, 학교 갔다 와서 감사했고, 밥 먹어서 감사했다. '아니, 중고등학생의 문장력이 이 정도인가?' 하는 실망감에 속이 부글부글 끓었지만, 무엇에든 감사해야 하므로, 아니 감사함으로 참을 수 있었다. 그렇게 한 달을 참고 기다려주었더니 나의 감사 나눔이 슬슬 빛을 보기 시작했다. 아이들의 감사 표현이 드디어 중고등학생의 수준으로 올라온 것이다. 문장력과 표현이 확실히 달라졌다. 아마 감사의 마음이 몸에 배기 시작하여 그런 것 같은 데, 그후 이런 일이 있었다.

"미리 감사합니다. 내일 친구하고 싸울 건데, 이길 것으로 알아 미리 감사합니다"

주영이는 중학교 1학년일 때 키도 작고 몸도 왜소한 편이었다. 그런 아이가 싸움을 하겠다니, 심지어 학급 친구하고 말이다. 얻어 맞고 오지나 않을까 내심 걱정되는 한편, 친구와 싸워 이길 것이라고 미리 감사하는 주영이의 생각이 잘못된 것임을 깨닫기를 바라는 마음에 대화를 시도했다.

"주영이가 친구하고 싸워 이길 것을 미리 감사했구나"

"응, 아빠. 걔는 우리 반 친구들하고 안 싸운 애가 없어. 학교 끝나면 근처 기관에서 저녁 먹고 아파트 놀이터에서 노는 아이야. 부모님이 이혼해서 엄마가 일하느라 밤 8시나 9시에 들어와. 내가 이길 수 있어."

"그렇구나. 주영아, 만약에 엄마 아빠가 이혼하고 너도 혼자라면 어떠했을까?"

"음, 불쌍하지."

"그래 맞아. 사실 불쌍한 친구이지. 우리가 그 친구를 위해 기도해주자."

우리 가족은 주영이의 손을 잡고 기도해주었다. 싸우지 말라고 아들에게 강요하지 않았고 다그치지 않았으며, 대신 싸우겠다는 이유를 스스로 이야기하게 한 다음, 그 친구의 입장을 아이에게 이해시켰었다. 아이가 충분히 이해해주기를 바랐다.

다음 날 아침, 출근하려는데 주영이가 말을 걸어왔다.

"아빠, 나 오늘 그 친구하고 안 싸울래. 아빠가 내 친구를 위해 기도해주었잖아."

와우! 진정으로 감사했다. 아빠의 마음이 통한 것 같아 감사했고, 아들 스스로 깨우친 것에 감사했고, 무엇보다 두 아이의 다툼을 말릴 수 있어 감사했다. 아들의 말 한 마디에 신이 난 나는 지폐 한 장을 주며 한 마디를 보탰다.

"그 친구하고 맛있는 거 사 먹고 와. 사이좋게 지내렴. 아빠는 네가 자랑스럽다."

의외의 일에서 감사 나눔의 효과를 알게 되었다. 감사 나눔을 통해 자신을 사랑하고, 긍정적이며 밝고 범사에 감사할 줄 아는 아이가 되기를, 그리고 화목한 가정이 되기를 바라며 시작한 일이었는데, '소통'의 효과까지 얻게 된 것이다.

사실 우리는 가정에서 보는 아이들의 모습밖엔 알 수가 없다. 밖에서 무슨 일을 하는지는 아이가 이야기해주기 전까지 모른다. 감사 나눔이 좋은 건 바로 일상의 감사를 나눔으로써 아이의 일상을 알 수 있는 것이다. "오늘 뭐 했니?", "오늘은 친구들하고 잘 지냈니?" 하며 꼬치꼬치 캐묻기 전에, 아이 스스로 일상의 감사를 이야기하게 하고, 스스로 문제를 찾아가게 하며, 스스로 느끼고 깨닫는 기회를 주면 쉽게 알 수 있다. 사춘기 시절의 아이들과 소통하고 지낼 수 있던 방법이 감사 나눔이었던 것이다.

감사 나눔은 이처럼 가족에게 소통의 수단이 된다. 가족의 하루는 어땠고 무엇에 감사했고 또 어떤 일에 힘들었는지 나누다 보면, 이보다 더한 행복이 없다는 걸 당신도 알게 될 것이다.

7. 가정에서 연습하는 소통과 나눔 방법

가족 상담 전문가로서 가정에서 소통과 나눔을 하는 방법에 대해 좀더 구체적으로 소개하고자 한다. 별책부록 같은 이 부분도 두 눈 크게 뜨고 유심히 읽어주기를 바란다.

1) 소통 연습 : 말하고 반영하라. 친밀함과 정서적 안정을 함양하라.

아이들은 가정에서 친밀한 관계를 맺으며, 정서적 안정을 경험하고 평안을 느껴야 한다. 감사 나눔 시간이 그렇게 하는 방법이 될 수 있다. 특히 감사 나눔을 할 때의 소통 연습으로 이런 경험을 할 수 있다. 소통의 기본 방법인 쌍방소통과 질문(물어보기)에 대해 먼저 생각해보자.

소통의 방법 중에서 말하기는 자신을 드러내는 대표적인 표현 방법이다. 그러므로 자기표현의 대표 수단인 말하기는 언제나 중요하다. 그러나 요즘 아이들을 보면 소통 능력, 특히 말하는 기술이 많이 부족해 보인다. 물론 시대 탓이 큰 것 같다. 말보다 문자 보내기가 빠르고 편한 세대이고, 햄버거 하나를 주문할 때도 말로 의사를 주고받지 않아도 키오스크 화면 클릭 몇 번으로 주문이 완료되는 세상이니, 소통의 기본인 말이 아예 필요 없다.

코로나로 대면(對面)을 두려워하게 된 최근에 소통의 결핍은 심해지기만 한다. 아이들의 말하기 실력은 날로 떨어지고, 갈수록 소통에 어려움을 겪는다. 성장기에 말하기 경험이 부족하니, 어느 정도 자라면서 소통하기가 불안하다는 아이들까지 생기게 되었다.

어려서부터 소통을 어려워하고 불안해 한다면, 그걸 극복하는 방법은 가정에서 배워야 한다. 부모는 우선 자녀가 말하기에 자신감을 가질 수 있도록 도와주어야 한다. 몇 가지 방법을 제안해 본다.

첫째는 '소리 내서 말하기'이다. 감사 나눔 시간에 가족들 앞에 서서 말하기부터 연습하면 좋다. 일상의 감사를 가족 앞에서 낭독하게 하되, 때로는 서서 읽게 하는 것이다. 이것은 공적인 자리에서 말할 때나 평소에 자신감을 갖게 하는 데 아주 큰 도움이 된다.

마이크에 입을 대고 발표하는 것도 아이들에게 색다른 경험을 선사한다. 집에 마이크가 없다면 그것 대신 비슷한 모양의 도구를 준비하면 된다. 쓴 감사 내용을 보지 않고 외워서 말해보는 것도 좋다. 가정해서 다양한 방법으로 말하기를 해볼 수 있는 것이다. 이렇게 하면 아이들의 자신감이 커진다. 발표하기가 어색하여 쑥스러워하거나 불안해하는 아이가 있다면 부모가 먼저 시범을 보여주기를 추천한다. 아이에게 귀감이 되는 건 언제나 부모다.

둘째는 소통의 기본 원칙 중에 하나인 '반영하기'다. 원활한 소통을 위해서는 반드시 반영하기가 따라주어야 한다. 반영하기는 마치 거울과 같다. 상대방 말을 그대로 되돌려주며 "OO했구나" 혹은 "OO했네"라고 하면 상대방은 적극적으로 말하게 된다. 쉽게 말해 공감해주는 것이다. 하지만 우리 대부분은 깨진 거울 역할만 해왔다. 판단하거나 충고하기, 감정을 드러내거나 비난하는 반영을 해온 것이다.

반영하기의 기본인 거울 역할이란 말 그대로 거울처럼 반영하는 것으로, 상대방이 말한 것에 그대로 반응하여 보여주는 것이다. 예를 들어 아이가 "1 더하기 1은 9야"라고 말하면 그냥 "1 더하기 1은 9로구나"라고 말하는 것이다. "1 더하기 1이 어떻게 9니? 2지! 수업 열심히 안 듣니?"라며 반박하는 것은 깨진 거울에 해당한다.

반영하기는 반응하기와 조금 다르다. 반영하기는 상대가 구체적으로 말하게 하고 듣는 이는 집중해서 듣게 한다. 이것이 중요한 이유는, 그래야 쌍방소통이 가능하기 때문이다. 반면 반응하기는 단지 맞장구를 하거나 추임새를 넣는 것에 불과하다. 반박보다야 낫지만 상대의 구체적인 이야기를 더 끌어내기엔 한계가 있다. 반영이 중요한 것은 그 때문이다.

내가 아들과 했던 대화에서 반영하기의 예를 찾아보자. 반응만한 것이면 그랬냐는 말 한 마디만 하고 더 묻지 않았을 것이다.

"점심에 김치찌개 먹었는데 정말 맛있더라고요."

"김치찌개가 그렇게 맛있었니? 어디서 먹었어?"

"회사 앞에 새로 생긴 집이에요. 가격도 싸고 괜찮더라고요."

"회사 앞에 김치찌개 집이 새로 생겼구나. 가격도 저렴한데 맛까지 좋다니, 아빠도 가보고 싶네."

"같이 가보실래요?"

"그럴까? 그래, 우리 같이 가보자. 고마워 아빠한테 맛있는 김치찌개 집 소개시켜 주어서."

반영하기는 인정해주기까지 간다. 무슨 말을 해도 인정해주는 것이다. 그리하여 친밀한 관계를 이어갈 수 있다. 아이와의 관계를 위해 그 어떤 말도 인정해주라. 지적하는 말이 잘되라고 하는 옳은 말인 건 알지만, 아이는 주눅이 들 수 있고 부부인 경우 다툼이 되기도 한다. 가정의 평안은 소통으로 유지된다고 해도 과언이 아니다. 정서적 안정 역시 소통을 통해 느끼고 알아차릴 수 있다.

감사 나눔의 기적

2) 나누는 연습 : 실수한 경험까지 나누라. 포용과 수용력을 함양하라.

아이가 실수했을 때 부모가 일반적으로 하는 반응은 보통 잘못된 게 아니다.

"누가 이러래? 어?"

"잘못했어? 안 했어?"

부모 본인의 실수는 너그럽게 넘어가면서, 아이의 실수는 아이가 죄의식을 가질 때까지 혼내거나 탓하지 않았는가? 그래서 아이에게 실수는 '누군가에게 비판받는 일'이고 '절대 나쁜 것'이며 '해선 안 되는 것'이라는 인식으로 자리잡게 된다. 실수를 두려워하는 아이는 도전과 모험과 시도를 포기하게 된다.

브레네 브라운이 쓴《마음 가면》중 일부를 잠시 읽어 보자.

엘렌은 처음 학교에 지각했을 때 곧바로 울음을 터뜨렸다. 규칙을 어겼다는 것과 선생님이 화를 내실 것이라는 생각에 평정심을 잃은 것이다. 그건 별일 아니라고, 누구나 가끔은 지각을 한다고 거듭 말해주자 엘렌은 조금 진정했다.

그날 저녁을 먹고 나서 우리 가족은 소박하게 지각 파티를 열었다. 최초의 지각을 경험하고도 무너지지 않았다는 사실을 축하하는 자리였다. 마침내 엘렌도 지각이 큰일이 아니었으며, 사람이라면 누구나 할 수 있는 행동을 했다고 해서 남들이 자신을 비판하지 않으리라는 사실을 받아들였다.

나흘 뒤 일요일 아침, 우리는 교회 예배에 가야 하는데 늦어지고 있었다. 내 눈에 눈물이 고이기 시작했다.

"왜 제 시간에 출발하는 날이 한 번도 없니! 이러다 지각하겠어!"

엘렌은 나를 쳐다보며 정말 모르겠다는 얼굴로 물었다.

"아빠와 찰리는 곧 내려올 거예요. 우리가 중요한 순서를 놓치게 되나요?"

나는 주저 없이 대답했다.

"그건 아니야. 그래도 엄마는 늦게 도착해서 예배당 빈 좌석 찾으러 살금살금 다니는 게 싫단다. 9시 예배잖니! 9시 5분 예배가 아니라."

엘렌은 잠시 헷갈리는 표정을 짓더니 씩 웃으며 말했다.

"그건 별일 아니에요. 누구나 늦을 때가 있다고 엄마가 그랬잖아요. 이따 집에 돌아오면 내가 지각 파티를 열어줄게요."

아이들에게 가정은 실수와 실패가 수용되고 위로와 격려를 받을 수 있는 곳이 되어주어야 한다. 가정에서 실수한 경험을 나누는 것이 중요하기 때문이다. 그것은 단지 각자의 실수를 나누고 반영하는 것으로써 만들 수 있다. 특히 부모의 실수 경험을 나누면 더 좋다. 가르치는 대신 경험을 나누는 것이 보다 와닿는 일이다.

내 아들 주승이가 중학생 때 일이었다. 아들이 같은 반 여자 친구를 사귀게 됐다. "아빠! 나 여자 친구 생겼어!"

처음엔 그렇게 신이 나서 자랑하던 주승이가 어느 순간부터 변했다. 방문을 걸어 잠그고 밥까지 굶어가며 고민에 빠져 있었다. 알고 보니 여자 친구와 헤어졌다고 했다. 사귀고서 2개월 만에 겪은 '하늘의 무너짐'이었겠다. 마음이 여리고 착한 주승이에게 닥친 첫 헤어짐의 충격이 오죽했을까. 며칠을 방에서 나오지 않았다. 똑똑 하고 두드려봐도 열어주지 않아 주승이가 학교 간 사이에나 방에 들어가 볼 수 있었다. 문을 열고 들어가 우리 부부가 맞이한 건 벽에 붙은 A4 용지였다.

"김 아무개."

여자 친구 이름을 써서 벽에 붙여놓고 크게 엑스 표를 그어 놓았다. 생각보다 주승이의 마음에 더 큰 상처가 있음을 알게 되었다. 그날 오후, 하교한 주승이를 불러 위로해주기로 했다. 그리고 우리 부부의 학창시절 첫사랑 이야기를 들려주었다. 잘 헤어지는 방법에 대해 알려주기 위함이었다. 주승이는 사뭇 진지하게 경청했다. 엄마 아빠도 어릴 적에 같은 일을 겪어 보았다는 이야기로 위안을 삼은 듯 했다.

우리 부부는 그동안 고마웠다는 내용을 쓴 엽서와 함께, 여자 친구에게 학용품을 선물해줄 것을 제안했다. 같은 반 친구로서 잘 지내기를 바랐기 때문이다. 다음 날, 주승이는 신이 나 있었다.

"아빠! 아빠! 내가 엽서랑 선물 주니까 여자 친구가 너무 좋아했어! 그리고 사실 내가 싫은 게 아니라 시험 때문에 아빠가 만나지 말라고 했대. 대신 시험 끝나고 만나서 놀라고 해서 그런 거래!"

그날부터 이전의 밝고 명랑하던 주승이를 다시 볼 수 있었다.

가정은 세상의 축소판이다. 실패와 실수를 자신 있게 나누는 곳이 되어야 한다. 그 분위기는 부모가 만들어주어야 한다. 실수나 실패는 누구나 할 수 있다는 걸 알게 해주면, 아이는 본인의 실수뿐 아니라 타인의 실수까지 이해하게 되어 수용과 포용이 높은 사람이 된다.

호주 멜번 즐거운교회의 박경수 목사님이 쓴 글을 인용한다.

가정의 감사 나눔이 자녀들에게 미치는 영향 13가지

1. 서로에게 더 깊은 관심을 갖게 된다.
2. 자연스럽게 대화의 주제를 찾을 수 있게 된다.
3. 서로에 대한 감사를 고백함으로 격려하게 된다.
4. 부모의 감사고백을 통해 부모의 마음을 이해하게 된다.
5. 돌아가면서 리더를 해봄으로써 리더십에 도움이 된다.
6. 표현력이 늘어가게 된다.
7. 가정예배로 모일 때는 소극적이었던 아이들이 감사를 나눔으로써 '감사예배'가 되어 적극적이 되고, 예배에 대해 새로운 인식을 하게 된다.
8. 감사 나눔을 통해 서로의 감정을 표현하게 되어 더 깊은 친밀감

감사 나눔의 기적

을 느끼게 된다.

9. 매일 온가족이 함께 감사를 나누기 위해 준비하고 함께 나누는 시간 자체가 안정감을 주게 된다.

10. 다른 사람들이 하룻동안 무엇을 했는지 알게 되어서 감사하다.

11. 가족 각자가 어떤 것을 감사하는지 알게 되어서 감사하다.

12. 자기 감정과 자기가 경험한 것을 말할 수 있어서 감사하다.

13. 자기의 하루 일과를 가족들에게 알려줄 수 있어서 감사하다.

외롭다는 말을 유독 자주 하고 듣는 시대를 살고
있다. 사람 관계에서 인정과 격려가 부족하다는
사실의 다른 표현일 것이다. 누군가는 외로움을
질병으로까지 보고 있는 것이다. 그래서 내가 하
는 생각은 댓글도 감사 나눔을 하는 한 방법이라
는 것이다. 선한 댓글은 사랑이고 공감이며, 따
라서 선한 파동이 일게 한다.

3장

공동체가 행복해지는
감사 나눔

감사 나눔을 서로 응원하라

1. 선한 댓글은 사랑을 표현하는 도구가 된다

2020년 10월 25일자 뉴스를 보았다.

"아동학대 누명과 악성 민원에 견디다 못해 극단적 선택을 한 세종시 어린이집 교사 B씨(30세)."

악성댓글이 한 여성을 죽였다. 말과 글이 사람을 죽일 수 있음을 본 것이다.

"싸가지 없어." "역겹다." "시집가서 너 같은 X 낳아라."

사실관계가 확인되지 않는 상태임에도 폭격과 같이 무자비하게 쏟아졌던 악성댓글이었다. 결국 그녀는 우울증을 앓다가 주변과 단절한 채 자살을 선택했다. 설사 그녀가 회복되었다 할지라도 악성댓글로 인한 상처는 트라우마로 남았을 수 있다. B씨의 남동생이 청와대 국민청원 게시판에 올린 '누명으로 폭언에 시달리다 스스로 목숨을 끊었다'라는 글에는 한 달 새 20만 명이 넘는 국민이 동의해주었다고 한다.

우리는 악플에 두려움을 가져야 한다. 요즘은 다행히도 선플 운동이 일어나는 추세다. 악플이 사람을 갉아 먹는 세상에 대한 저항이겠다. 선플 운동은 나의 바람이기도 하다. 칭찬하고, 그 정도면 잘하고 있다고, 그래도 괜찮다고 말해주는 응원과 격려가 필요하다.

외롭다는 말을 유독 자주 하고 듣는 시대를 살고 있다. 사람 관계에서 인정과 격려가 부족하다는 사실의 다른 표현일 것이다. "주변 사람들에 대한 과민반응이나 분노, 피로, 은둔, 우울증의 원인은 바로 외로움이다." 비벡 H. 머시 박사의 말이다. 누군가는 외로움을 질병으로까지 보고 있는 것이다. 그래서 내가 하는 생각은 댓글도 감사 나눔을 하는 한 방법이라는 것이다. 선한 댓글은 사랑이고 공감이며, 따라서 선한 파동이 일게 한다. 마음의 대화로 이어지게 해서 관계를 맺는 데 최고라고 할 수 있다. 댓글은 인터넷상에서 하는 일종의 반영이다. 댓글이 없음은 반영도 아닌 반응 없음과 같다. 수긍과 공감이 없고, 인정이 없으며, 격려가 없다. 외로운 세상이다. 그래서 선플로서 하는 댓글은 더욱 중요하다.

나 또한 댓글의 소중함을 배운 경험이 있다. 다음은 감사 나눔을 할 때 일어난 일이다. 나는 처음엔 카톡이나 밴드를 통해 감사 나눔을 올렸다.

어제의 감사 일기

1. 중학교에 간 주영이가 영어 수학 올백에 감사(내 머리 닮지 않아 다행이다.)
2. 부부 상담에 남편이 마음 문을 열고 적극적으로 응해주어서 감사 (남편의 변화는 가정의 회복이다.)
3. 늦지 않게 강의실에 도착해서 매우 감사(내비의 인도에 감사한다.)
4. 요즘 지선이가 아프지 않아 감사(가족 중 누군가 아프면 모든 에너지가 쏠려 서로 힘들어진다.)
5. 강의할 때 공감하며 맞장구를 잘해준 분께 감사(공감은 강의의 열정을 살아나게 한다.)
6. 황OO 실장을 만날 때마다 반갑게 맞이해줘 감사(환영은 나의 자존감을 높여준다.)
7. 내 몸에게 나를 건강하게 지켜줘서 감사하다는 표현을 오랜만에 할 수 있어서 감사(나를 향한 감사는 정서적 지지이다.)

이렇게 감사 나눔을 하자 지인들의 애정 어린 댓글이 하나씩 올

감사 나눔의 기적

라왔다.

"선생님 대단하시네요! 너무 보기 좋습니다. 응원합니다!"

"와, 어떻게 하루도 빠짐없이 매일 감사할 수 있으신 거죠? 꾸준함에 반했습니다."

"좋아요! ♡!"

기대하고 올린 건 아니었지만, 주변의 응원이 나를 신나게 했다. 조금 더 깊은 감사를 하고 싶어졌고, 좋은 사례는 이왕이면 더 나누고 싶어졌고, 감사에도 흥이 돋기 시작했다. 아마 그들의 응원과 독려의 댓글 덕분에 이 글을 쓰는 오늘까지, 무려 7년 7개월 동안 감사 글을 쓸 수 있지 않았나 싶다. 선한 댓글이 원동력이 된 셈이었다.

나도 댓글을 통해 받은 사랑의 감정을 나누려고 하였다. 그래서 우울증이 있는 70대 장로님과 밴드를 통해 일대일로 감사 나눔을 하는 중이다. 그 어른의 세대는 마음과 감정 표현에 대부분 서투르거나 어색해한다. 그리고 아마 그런 환경에서 자라오셨을 것이다. 나는 댓글로 그 분을 인정하고 격려하기로 했다. 그 분이 감사 글을 올리면, 나는 그 분의 감사 글 하나하나마다 댓글로 관심을 표현해주었다.

"잘하셨어요. 좋아지실 거예요.""멋져요."

어느 날 장로님이 이런 말씀을 하셨다.

"저를 인정해주고 격려해주는 사람은 당신이 처음이에요. 고마워요. 많이 회복되고 있어요."

아주 사소한 댓글 몇 글자였다. 어려운 말을 한 것도 아니고, 단지 그 분의 모습을 인정한다는 표현의 "멋져요"와 격려의 표현인 "잘하셨어요. 좋아지실 거예요"뿐이었다. 그러나 그 한 마디가 사람을 치유했다.

사실 선한 댓글이 별것 아님을 느낀다. 그럼에도 누군가를 살리거나 죽일 수도 있는 일종의 기폭제가 된다는 것을 배운다. 그 장로님께는 격려보다 더한 사랑의 댓글도 남겨드릴 예정이다. 장로님의 자존감 크기는 높아지고, 우울의 크기는 점차 작아질 것을 기대한다. 이로 보건대, 댓글은 관심의 표현이며 관계를 맺게 해주는 디딤돌이다.

2. 감사 카드가 관계를 새롭게 한다

우리 삶에는 영향을 주는 사람이 많다. 모두 사회에서 맺어진 소중한 관계일 텐데, 이직하거나 직업 자체를 바꾸면서 멀어지기도 하고, 먼 곳으로 이사하게 돼 소식을 끊고 지내기도 한다.

과거에 영향을 끼친 사람 중에 더는 만나고 싶지 않은 부류도 있지만 반대인 경우도 많다. '잘 지내고 계시려나?' 하는 아련한 마음으로 그런 사람들을 그리워한다. 그러다 절절히 후회하는 순간을 맞이하기도 하는데, 나중에 접하게 되는 소식이 부고인 경우가

감사 나눔의 기적

그렇다. 심지어 제법 많다. 내 나이쯤 되어보면 그렇다. 연락 못하고 지내다 덜컥 걸려오는 전화가 무서워지기까지 한다. 그제야 때늦은 후회를 한다. 마음만 먹고 실제로 연락드리지 못한 것을, 가시기 전에 감사했다고 말 한 마디 전하지 못한 것을 후회하는 것이다. 남은 자의 가슴은 사무친다. 그때 생각하게 되었다. 감사 카드를 매개 삼아 소통을 끊지 않기로.

우선 카드를 하나 샀다. 편지지는 아무래도 써야 할 분량에 압도당할 것 같지만 카드는 쓸 만해 보였다. 문방구에 들러 천 원도 하지 않는 엽서 한 장을 사서 책상 앞에 앉았다. 같이 지내면서 어떤 점이 좋았고 감사했는지 카드에 썼다. 지인을 생각하면서 한 자 한 자 써내려가다보니 금세 카드 한 면이 활자로 가득 찼다. 감사한 일이 참 많았다.

감사를 전부 적은 후엔 그 지인에게 전화를 걸었다. 감사 나눔을 할 차례이기 때문이다. 덕분에 전화 통화를 하게 되었고, 물론 말로 나눔을 하기 위해 만나야 했다. 소식이 닿았다. 며칠 뒤 지인과 만나 감사 카드를 나누었다. 지인 앞에서 감사를 낭독했던 것이다. "○○님, 감사합니다. 그때 얼마나 감사했는지 모릅니다." 나눔 후엔 따뜻한 대화가 오고 갔다. 하루가 행복할 수 있었다. 진심으로 감사한 것은, 감사 나눔 이후 지인과 나의 관계가 정립된 것이다. 우리는 더욱 돈독해졌다. 감사 카드 덕분에 얻게 된 새 관계, 새 만남이었다. 이 일 말고도, 소식을 끊고 지내던 지인과의 관계를 다시 잇고, 현재 만나고 있는 지인들과 친밀감 있는 관계를 재구성할 때도 요긴하게 쓰인 것이 감사 카드다. 모든 관계가 완벽하진 않아서 때론 다시 구성해야 할 때도 있기 때문이다. 결론적으로 관계 유지와 정립에 도움을 주는 게 감사 카드 나눔이다.

그렇다면 감사 카드 나눔은 어떻게 하는가? 이제 그 방법을 설명하겠다. 먼저 앞에서 예로 든 내 경험처럼 카드를 산다. 본인이 보기에 예쁘고 단정하며 아주 비싸지 않은 것이면 된다. 책상에 앉아 감사 대상에 대한 칭찬이나 특성과 고마운 내용을 적는다. 상대에 따라 꿈을 응원할 수도 있고, 희망을 담은 내용으로 '미리 쓰는 감사'도 쓰면 좋다. 대상이 누구냐에 따라 다르겠지만, 일반적으로 10가지를 목표로 정해놓고 쓰면 좋다. 가짓수를 정하면 감사할 내용을 떠올리기가 쉽기 때문이다. 내용은 구체적으로 표현할수록 좋다. 구체적이면 정서적인 기쁨을 줄 수 있기 때문이다. 다음은 카드 감사 나눔의 예이다.

1. ○○님은 사소한 것에도 이해심이 많아 주변 사람들이 좋아합니다. 덕분에 나도 당신을 좋아하게 되었습니다.
2. ○○님은 지난 학생 수련회 때 휴가까지 내어 스태프로 수고해주었습니다. 수련생들을 섬겨주어 감사합니다. 더운 여름에 땀 흘리며 수고해준 시간을 잊을 수 없습니다.

감사 나눔의 기적

이런 식으로 10가지를 쓰는 것이다. 카드 감사 나눔은 전도 대상 VIP에게 적용해도 좋고, 축하할 일이나 환영할 때 써도 좋고, 생일카드 대신 감사 카드의 형식에 맞춰 구체적으로 쓰면 더 좋다.

다음으로, 카드 준비가 다 되면 상대방에게 전화를 걸어 만날 시간과 장소를 정한다. 이때 추가할 팁이 있다. 한국 사람은 역시 먹는 게 중요하다. 금강산도 식후경인 나라다. 따라서 만날 장소는 식당으로 정하되, 비싼 음식보다 상대방이 좋아하는 음식을 먹을 수 있는 곳으로 한다. 식사 후엔 커피나 차를 마실 수 있는 곳으로 이동하는데, 이 장소가 매우 중요하다. 이왕이면 분위기 좋은 곳이 좋다. 시끄럽고 산만하면 대화하기가 불편하다.

감사 카드와 함께 작은 선물을 준비하는 것도 중요하다. 역시 비싼 것보다 작아도 정성이 들어간 선물을 준비한다. 사람들은 의외로 남녀불문하고 꽃다발도 좋아한다. 가능하면 일대일 만남이 좋다. 하지만 만약 공동체 모임이라면 축하의 의미로 카드를 공개적으로 읽어주면 된다. 헤어질 때는 아름다운 추억을 남기기 위해 사진을 찍어두는 것도 좋다. 즐겁고 행복했던 기억이 남도록 찍어준 사진을 문자 인사와 함께 보내주면 기대 이상의 수확을 거두게 된다. 특별한 만남으로 간직하게 되는 것이다.

가장 큰 수확은 사실 나에게 있다. 감사 카드를 읽어주고 돌아오면 감사를 받아 인정을 얻은 상대뿐 아니라 나까지 행복지수가 높아진다. 흥이 나서 또 다른 사람에게 감사하고 싶은 마음이 생겨나고, 또 다시 감사할 일이 찾아온다.

감사 카드 나눔은 어디서나, 어느 상황에서도 추천할 일이다. 교회에서는 더 적극적으로 활용할 수 있다. 사실 교인이라고 해서 전부 사이가 좋은 건 아니지 않은가. 어쩔 수 없이 언짢은 사이도 있는데, 그럴 때는 관계 회복을 위해 감사 카드를 나누어보자. 이것을 통해 교인 사이에 관계가 회복되는 사례를 많이 보았다. 성도와 관계가 나빠서 힘들어하던 목사님도, 사역에 어려움을 겪던 교인도, 전부 감사 카드를 나눔으로써 회복되었다.

《행복해지는 법》의 저자 소냐 루보머스키의 말이 떠오른다.

"감사하는 마음은 사회적 유대감을 높여주고 관계를 더 다져주고 새로운 관계를 발전시킨다."

3. 교회에서 감사공모전을 열어보세요

교회 공동체를 중심으로 감사 나눔을 하는 몇 가지 방법을 소개한다. 교회 형편에 따라 참고하여 실시해도 좋고, 교회가 아니더라도 세상 모든 모임에서 활용해도 좋겠다.

1) 감사 나눔 공모전을 축제처럼 진행한다

감사공모전은 각자 감사 나눔을 한 사례나 글을 공개 모집하여 일정 기간 전시하는 것이다. 예컨대 가족을 대상으로 감사 나눔 공모전을 한다면 30감사 혹은 50감사를 써서 제출하도록 하고, 감동적인 내용은 교회에 전시하는 것이다(공모전 개최 방법은 이 책의 부록을 참고하길 바란다). 신문지 크기의 전지(또는 우드락)에 감사 글과 함께 그림이나 가족사진을 붙인다. 감각이 있는 사람은 컴퓨터로 편집한 다음 현수막 가게에서 시트지로 출력하여 우드락에 붙이기도 한다. 이렇게 모인 우드락을 벽면에 예쁘게 전시하면 공모전을 열 수 있다.

공모전은 축제처럼 진행해야 한다. 누가 가장 잘했는지 선별하기보다, 다 같이 고르게 시상하고 형편에 따라 서로 다른 선물을 주면 그만이다. 가끔 전시장에 재미있는 영상을 틀어주는 것도 축제 분위기를 돋우는 데 도움이 된다. 글을 쓸 줄 모르는 유아부 아기들에게는 감사의 글을 쓰게 하는 대신 감사하는 내용을 물어 대답하게 하고, 그 모습을 동영상으로 찍어 감사 나눔 공모전 때 보여주면 박수까지 치며 웃게 된다. "아빠가 놀아줘서 감사하다"는 아이의 어눌한 발음에 까무러치지 않을 어른은 없다.

교회뿐 아니라, 지역 공공기관의 공무원과 그 수장을 대상으로 하는 감사 공모전도 추천한다. 예를 들어 구청을 대상으로 한다면, 같은 구에 사는 성도들에게 구청에 대한 감사나 칭찬 5가지를 써오도록 부탁한다. 그러면 50감사 정도는 쉽게 모을 수 있다. 이를 정리해 시트지로 출력하여 액자에 넣은 다음 포장하고, 소소하게 간식도 준비한다. 모든 준비가 완료되면 구청을 찾아가 감사를 표현한다. 실제로 이걸 해본 사람으로서 장담하건대, 오히려 무한 감사를 받고 올 것이다.

감사 공모전을 단순히 분기별 행사로 치르기보다 매번 축제로 이어지게 하면 더 좋겠다는 게 내 바람이다. 5월 가정의 달엔 '부부 100감사 공모전'을, 크리스마스 땐 한해를 뒤돌아보는 '감사 나눔 공모전'을, 추수감사절엔 '하나님께 50감사'를 하는 방식으로 말이다. 감사의 대상을 누구에게 두느냐만 관건일 뿐, 언제든 공모전을 열어 축제처럼 만들 수 있다.

2) 폭탄 감사로 기쁨이 폭발하게 하라

폭탄이라고 하니 놀랍게 들리겠지만, 만약 감사와 칭찬을 폭탄처럼 해준다면 받는 이는 느낌이 어떨까? 놀랍고 벅찬 감이 적지 않을 것이고, 기쁨 또한 그만큼 크게 폭발할 것이다.

폭탄 감사의 방법은 감사할 대상을 향해 여러 사람이 각각, 평소 그 대상을 보고 고맙고 칭찬할 만하다고 느낀 점을 3가지 이상 써서 같은 시간에 한꺼번에 문자로 보내주는 것이다. 폭탄 감사는 특히 공동체의 리더로 수고하는 분에게 해드릴 것을 추천한다.

교인들은 목사님이나 전도사님에게 하는 것도 좋다. 리더도 힘들고 지치게 마련이다. 따라서 때로는 응원이 필요하다. 리더라는 책임과 부담에 대한 인정이 필요한 것이다. 폭탄 감사가 그런 인정의 역할을 할 수 있다. 폭탄 같은 감사를 받은 순간, 그 리더는 자기의 존재가 무엇인지 주변 사람들을 통해 알게 된다. 소중하고 감사하며, 없어서는 안 되는 존재임을 인식한다. 누군가 자신을 알아줄 때 회복탄력성이 높아지고, 칭찬받을 때 에너지가 충전되며, 자신의 모습이 괜찮다고 응원받을 때 성장하게 되는 법이다. 감사를 통한 인정은 반드시 필요하다.

톰 워샵의 기러기 이야기가 있다. 기러기들은 4만 킬로미터의 여정을 비행할 때 V자 대형으로 날아간다. 대형의 제일 앞에 리더 기러기가 날아가는데, 가장 많은 공기 저항을 받게 된다. 그 덕분에 뒤에 따라오는 동료 기러기는 혼자서 날 때보다 무려 71퍼센트나 쉽게 날 수 있다고 한다. 동료 기러기들은 먼 길을 앞서 날아가는 리더 기러기를 향해 자주 우는 소리를 낸다. 앞서서 거센 바람을 가르며 날아가는 리더 기러기에게 보내는 응원이다. 그 양 옆의 기러기들은 떼를 지어 소리를 지른다. 리더는 그렇게 받은 힘으로 4만 킬로미터를 앞장서서 날아갈 수 있다. 이런 걸 봐도, 사랑은 혼자 하는 것이 아니라 서로 하는 것이다. 사랑은 서로사랑이다.

3) '축복의 통로' 축복송을 불러주기

"당신은 하나님의 언약 안에 있는 축복의 통로, 당신을 통하여서 열방이 주께 돌아오게 되리."

이것을 개사하여 다음과 같이 불러주자.

"당신은 이 세상에 사랑받기 위해 태어난 사람 당신을 통하여서 세상이 더욱 아름답게 되리."

이 노래는 다보스병원에서 감사 나눔 운동을 하던 시절에 소아병동 환아들에게 많이 불러준 것이다. 환아에게 이름이 무엇인지 먼저 묻고, 기타 반주와 함께 아이의 이름을 넣어 불러주곤 했다. 그러면 옆에 있던 환아의 엄마는 대부분 눈시울을 붉혔다. 여러 감정이 섞였겠지만, 아픈 아이 이름을 넣어 그 아이 하나만을 위해 노래해주었기에 감정이 더욱 복받쳤을 것이다. '오직 나를 위해 불러주는 감사의 노래'에는 그만한 감사와 그만큼의 감동이 있는 법이다. 꼭 한번 해보기를 바란다.

4) 소그룹 공동체끼리 감사 나눔을 하라

교회가 연합하고 하나가 되는 데 효과적인 방법을 소개한다. A목장이 B목장을 위해 감사 나눔 페스티벌을 여는 것이다. 그 일을 준비하기 위해 A목장 식구는 B목장 식구가 누구인지부터 파악한다. 보통 한달 전부터 이 행사를 준비하는데, A목장 목원이 B목장 목원 한 사람씩을 맡아 그에 대한 정보를 얻으면 된다. 목사님, 전도사님, 아니면 초원(목장들의 상위조직) 지기에게, 혹은 섬기는 부서의 집사님에게 B목장 식구의 칭찬할 점이나 잘하는 일, 특징을 물으면 얼마든지 감사거리를 모을 수 있다.

각자 모은 정보를 A3 종이나 큰 전지에 감사와 칭찬의 내용으로 써본다. B목장 식구의 사진을 구해 감사판에 붙일 수도 있다. 사진을 구할 목적으로 B목장의 목원에게 같이 사진을 찍자고 부탁해도 무방하다. 비밀로 할 일도 아니므로 "우리가 당신들을 위해 이벤트를 준비하고 있다"라고 밝혀도 문제없다.

행사 당일엔 전지에 감사와 칭찬, 사진을 붙여서 포스터를 만들고, B목장 식구 모임 시 먹을 간식까지 준비해둔다. 그리고 그들을 초대한다. 우리 A목장 목원들이 B목장 목원들에게 얼마나 감사한지, 칭찬할 것은 얼마나 많은지 준비한 감사판을 통해 보여준다.

그리고 여기에서는 하이라이트, 곧 마지막이 중요하다. B목장의 식구 앞에서 A목장의 식구들이 30초 동안 율동을 하거나, 변장을 하고 춤을 추거나 해서 그들을 즐겁게 해주는 것이다. 당신들이 즐거우면 좋겠다는 마음을 보이는 것이다.

그보다 먼저, A목장 식구들 또한 준비하는 과정에서 즐거움을 느낀다. 과정 일체가 은혜롭다. 이런 섬김은 전염이 될 수밖에 없다. 자신들이 이미 감사와 칭찬을 통한 인정과 나눔을 통해 즐거움을 느꼈기 때문이다. 이렇게 하고 나면 B목장이라고 해서 가만있지 않게 된다. A목장에게 다시 감사를 베풀든, C나 D목장에게 릴레이로 감사 나눔 행사를 이어가든, 어쨌거나 교회 공동체에 감사가 확대되는 결과를 가져온다.

감사의 대상에서 제일 중요한 사람은 나다. 모든 것은 나로부터 시작된다는 점을 감안해도 그렇다. 그런 의미에서 나에 대한 감사와 칭찬은 교만이 아니다. 자기 돌봄이다. 더욱이 감사의 대상으로서 내가 나를 먼저 챙길 때 주변을 돌볼 에너지와 열정 또한 생기는 것이다. 이 점을 잊지 않았으면 한다

4장

일상이 행복해지는
감사 나눔

항상, 즉시 감사를 표현하라

1. 자살하기 전에 나를 찾아온 학생

이제 갓 스물, 대학 1학년생인 청년이 나를 찾아왔다. 큰 키에 말쑥한 얼굴, 딱 자기 나이 같은 순수함이 참 예뻐 보인 친구였는데, 아무 이유 없이 수다나 떨고 싶어 온 거라면 좋았으련만, 아이는 깊은 우울증 때문에 상담이 필요해서 온 것이었다.

아이를 맞이하고 따뜻한 차 한 잔부터 건넸다. 차의 온기에 마음을 안정시킨 후, 상담을 시작했다. 아이가 조심스레 닫힌 입을 열었다.

"친구들이랑 있을 때 제가 화를 자주 내요. 취하도록 술을 마신

날이면 속상했던 일을 떠올리며 자주 울어요. 저도 제가 왜 이러는지 모르겠어요. 신호등 앞에 서 있을 때면 쌩쌩 지나치는 자동차에 뛰어들고 싶다는 충동도 올라와요. 사실 아파트 창에서 몰래 뛰어내릴 생각까지 해봤어요. 그럼 마음이 편해질까요? 자려고 누워도 잠이 안 와서 멍 때리기를 한 시간 이상 할 때도 있고요. 어쩌다 간신히 잠이 들어도 깊게 못 자고 다시 일어나요."

당시 그 아이가 겪고 있던 상황이 그랬다. 우울증이 한참 진행된 상태였다. 그것 때문에 자살 충동을 느낀 것 같았다. 만약 이 우울증이 지속되었다면, 우리는 한 소녀를 잃었을지도 모를 일이었다. 더 아파지기 전에 나를 찾아와주어 감사하기만 했다. 우리는 많은 이야기를 나누었다.

나는 아이가 겪고 있는 상황에 대한 원인부터 알고 싶었다. 한참을 듣다 보니, 무엇이 그 아이를 힘들고 아프게 했는지 알게 되었다. 수능으로 받았던 스트레스가 대학 입학과 동시에 잘못된 방향으로 풀린 탓도 있었지만, 가장 큰 문제는 가족관계였다. 아이의 아버지는 공무원이고 어머니는 직장 생활을 하는 중이었고, 남동생은 고등학생이었다. 얼핏 보면 평범한 가정 같지만, 부모의 잦은 부부싸움이 문제였다. 그들의 싸움에 딸이 희생자가 된 것이었다.

"아빠의 폭언과 무관심이 싫고, 엄마가 참고 사는 모습도 싫어요."

"중고등학생 때 엄마 이야기를 들어주면서 함께 울었어요. 아빠 때문이에요. 아빠가 밉고 싫어요."

이 아이에겐 상담이 필요했다. 내가 할 수 있는 건 자주 만나서 이야기하며 안정을 찾아주는 것이었다.

"다음에 또 올 수 있겠니?"

아이는 고개를 끄덕였고, 그렇게 상담을 거듭할 수 있었다. 아이는 차츰 안정감을 찾아갔다. 술에 대한 절제력이 생겼고, 문제를 객관적으로 보는 인지능력이 전보다 훨씬 좋아졌다. 아이의 정서가 좋아지는 것이었다. 그러나 아빠와의 관계는 좋아지지 못했다. 여전히 얼굴 한 번 마주치지 않고 있었다. 아이의 아픔이 부모의 싸움으로부터 온 것이기에, 이 아이에겐 부모의 도움이 필요했다. 우선 어머니부터 상담소에 방문하라고 권유했다. 어머니는 세 번 방문해주었다. 어머니에게 딸의 증상을 제대로 알리고, 상담 끝에는 딸아이에 대한 격려와 위로를 부탁했다.

다음은 아버지였다. 아버지를 반드시 만나야 했다. 아이와 어머니에게 아버지를 만나고 싶다고 했다. 하지만 아버지는 상담을 완강히 거부했다. "앞으로 잘하겠습니다. 하지만 상담엔 가지 않겠습니다."

그 후로 달라진 건 없었다. 다른 방법을 찾기로 했다. 내가 아는 '감사 나눔' 말이다. 나는 아이의 마음에 꽈리를 틀고 앉아 있는 아버지에 대한 상처가 아물도록 돕기 전에, 먼저 아버지가 미웠던 사건을 자유롭게, 낙서하듯 적어 보라고 했다. 처음부터 감사를 쓰라고 하면 이런 경우 열에 아홉은 거부 반응을 보이기 때문이다. 오랜 시간 상대에게 미운 마음을 갖고 있던 사람에게 상대의 좋은 점만 쓰라고 하면 동의하기 어렵다. 아이는 하고 싶은 말이 많았던 모양이다. 노트 세 장 가득 아버지에 대한 미움을 써냈다. 이번에는 쓴 것을 읽도록 했다. 아이는 쓰고 읽을 때 하염없이 울었다. 그것이 정화(淨化)의 시간이었는지, 울고 나니 한결 마음이 가볍다고 했다. 기대했던 반응이었다. 다음에 할 일은 감사 쓰기였다.

"우리, 이번엔 아버지에 대한 감사를 써볼까?"

"아빠한테 감사요? 없는데…."

"아니야, 분명히 있어. 선생님이 감사란 무엇인지 보여줄게. 참고해서 아빠에 대한 감사를 찾아 써볼까?"

아이는 내 말을 듣고서 마지못해 그러겠다고 하고는, 아빠에 대한 감사를 하나하나 적기 시작했다. 처음에는 무엇을 써야 할지 몰라 종이만 멍하니 쳐다보고 있었는데, 기억이 하나 떠오르고 또 다른 추억이 떠오르자 아래와 같은 감사 내용을 전부 써냈다.

- 건강을 위해 새벽에 일어나 운동하고 출근하는 모습이 감사합니다. 열심히 사는 아빠를 존경합니다.
- 모범직원으로 상도 받는 걸 보니, 성실한 사람으로 인정받는 아빠 같아서 자랑스럽습니다. 감사합니다.
- 학원 다니겠다는 딸을 기꺼이 지원해주셔서 감사합니다. 덕분에

걱정 없이 공부할 수 있었습니다.

- 어릴 적에 에버랜드에 데리고 가서 놀아주셔서 감사합니다. 따뜻한 추억이 생겼습니다.
- 할아버지와 할머니에게 효자라고 이웃에 소문이 나서 감사합니다.
- 유치원 재롱잔치에서 친구들 앞에 노래를 불렀다고 칭찬해주셔서 감사합니다.
- 가족 휴가 때면 우리에게 시키는 것 없이 본인 혼자서 척척 준비해주는 자상한 아버지에게 감사합니다. 휴가를 휴가답게 보낼 수 있었습니다.

이런 식의 30가지였다. 아이는 자기가 써놓고도 생각보다 많아서 놀란 눈치였다.

"아빠한테 감사한 일이 많았네요. 미워만 했는데."

진심을 다해서 감사 쓰기에 참여해준 아이에게 감사하면서, 드디어 마지막 미션을 주었다. 감사의 대상인 아버지에게 감사를 나누는 시간이었다. 아버지에게 데이트 신청을 해서, 카페에서 30감사를 읽어드리기가 바로 그것이다. 어색하고 쑥스러운 마음이 먼저 튀어나와 쉽지 않은 시간이지만, 감사에는 반드시 나눔이 필요하다. 나눔이 없는 감사, 자기만 보고 마는 감사는 50점짜리다.

며칠 뒤, 아이에게서 전화가 왔다.

"선생님! 최고였어요! 아빠 앞에서 30감사를 읽었는데, 읽으면서 저도 눈물 흘리고, 아빠도 같이 울었어요. 감사를 나누고 나니, 앞에서 웃고 있는 아빠를 보았어요. 덕분에 제 상처도 많이 치유 되었지만, 가장 큰 효과는 아빠가 변하기 시작했어요! 아빠가 엄마한테 부드럽게 대하는 걸 거의 처음 봤어요! 아빠 행동에 더욱 놀란 건 엄마이고요!"

"요즘 아빠는 쉬는 날이면 학교까지 차로 데려다주기도 하고, 카톡으로 자기가 알고 있는 좋은 글도 보내줘요. 우리 아빠한테서 새로운 면을 보고 있어요. 선생님! 정말 고맙습니다!"

다소 흥분한 듯한 아이에게, "너에게도 감사 나눔으로 행복이 찾아왔다"며 축하해주었다. 그리고 다시 며칠 뒤, 그 아이 아버지에게 전화가 왔다. 상담엔 참석하지 못했지만, 감사와 나눔을 알려주어 너무 감사하다는 게 그의 인사였다. 그의 말에 곡기로 채울 수 없는 배부름이 느껴졌다. 사실을 말하자면, 나는 신은 아니지만, 그건 예상했던 일이다. 아이 아버지와 통화할 때 가볍게 미소 지으며 그들의 가정을 축복하고 또 축복했다. 감사의 결과는 항상 이와 같다.

2. 괜찮은 나로 살아보자

중증장애인 근로자를 위해 이틀 동안 '내가 행복해야 한다'는 주제로 특강을 할 기회가 있었다. 강의 중간에 배우자나 부모에게 자유로운 형식으로 '15감사'를 쓰는 시간을 가졌는데, 따뜻한 마음에 비해 서툰 표현 때문인지, 대부분이 이 시간을 어색해했다. 무엇을 써야 할지 몰라 펜을 쥔 채 멈춰 있던 사람도 있었고, 한 젊은 친구는 몇 개 쓰지도 않고 손으로 종이를 가려버리기도 했다. 수강생 모두에게 낯선 시간이었다. 그럼에도 다들 열심히 참여해주었는데, 기억에 남는 건 배우자나 부모 대신 자신에게 감사를 쓴 두 사람이었다. 놀랍고 기특해서 물었다.

"배우자나 부모 대신 자신에게 감사를 쓴 이유가 있을까요?"

둘의 대답은 다음과 같았다.

"자신감을 갖고 싶어서 저한테 썼어요."

"저를 위해 써주고 싶었어요."

사실은 같은 말이지만, 어쨌거나 '나' 자신을 위해 감사를 쓰는 경우는 흔치 않다는 거다. 감사 교육을 할 때 보면, 타인을 감사의 대상으로 쓰는 것보다 자신을 대상으로 쓰는 게 가장 어렵다는 것도 그 때문일 테다.

보통 우리는 자기감정에 친숙하지 못하다. 그 결과로 긍정은 낮고 부정은 높아지게 되어 분노나 화(火)와 친해지게 된다. 또한 감정 표현에 낯설어한다. 표현하지 못하는 감정의 대부분은 두려움과 수치심이 작동하여 묶인 것이라고 볼 수 있다. 부모로부터 어릴 적부터 교육받아 온 "하지마"의 영향으로 뭐든지 하면 안 된다는 부정적 두려움과, 그것을 하면 잘못이라는 수치심이 부정적 편

감사 나눔의 기적

향성을 낳은 것이다. 결과적으로 차분히 표현하는 대신 성급히 화를 내고, 화를 낸 자신에게 죄책감을 느끼고, 마음속으로 '나는 잘 안 돼'라고 자신을 부인하며 희망이나 용기마저 잃어버린다. 너무나 안타까운 일이다. 따라서 자신이 칭찬이나 감사받을 일을 했으면 즉시 자신에게 감사를 표현해주는 게 중요하다. 그래야 날마다 자신의 행복을 유지하며 감사로 일상을 보낼 수 있다.

예를 들어보자. 내가 건물 로비를 나갈 때 뒷사람을 위해 문을 연 채 1-2초 기다려주는 선행을 베풀자 뒷사람이 내게 감사의 목례를 했다. 바로 이럴 때다. 사소한 배려였지만 지극히 칭찬받아 마땅한 나에게, 내가 나를 '즉시' 칭찬하는 것이다. 반대로, 앞서 나간 사람이 뒤따르던 나를 위해 문을 잡아주었다면 그에게 감사 인사를 한다. 그런 다음 감사하다고 말한 나를 '즉시' 칭찬한다. 그렇게 되면 일상이 감사와 칭찬이자 자기감정 표현의 연습이기도 하다. 이렇게 자기감정 표현에 익숙해지면 긍정이 높아져 콧노래가 새어 나오고 기분은 한층 밝아지게 된다. 긍정지수가 쑥 하고 자라난다.

일상에서 이와 같이 자신에게 감사하고 칭찬하는 예시를 들었지만, 자신에 대해 의식적으로 칭찬과 감사를 하는 방법도 있다.

1. A4 한 장에 자신의 장점이나 특성이라고 생각되는 점을 20가지 정도 적는다.

2. 각 장점이나 특성마다 왜 그렇다고 생각하는지, 그 이유나 사례를 적어 보라. 이것은 매우 중요하다.

3. 잘 떠오르지 않는다면 시기를 구분해서 생각해보라. 유년기나 학창 시절, 결혼 전과 후, 이런 식으로 나누는 것도 기억을 떠올려보는 데 도움이 된다.

4. 가정 혹은 친구로부터, 또는 직장동료가 자신에게 자주 해주던 감사와 칭찬을 써보는 것도 좋다.

5. 구체적으로 써볼 것을 권한다. 내용이 구체적일수록 더욱 괜찮은 자신을 발견하기 쉽고, 진정한 자기의 가치까지 인식하게 된다. 자신감이 생기며, 소중한 자아를 만나게 될 것이다.

6. 이 작업을 통해 자신과 자주 만나다 보면 부정적인 생각은 약화되는 대신 정서가 안정된다. 반드시 가져볼 가치가 있는 시간이다.

이상의 방법 중에서 먼저 어린 시절을 생각해보라. 코흘리개 유치원 시절, 앞에 나가서 율동을 잘했던 기억은 없는가? 초등학교 때 축구를 잘했다든지, 아니면 달리기를 잘해 상을 받은 적은 없었는가? 미술, 피아노 등 예술 분야에 남다른 소질은 있었던가?

이번엔 타인이 자신을 인정하거나 칭찬하는 점을 상기해보자. 유머감각이 있다는 이야기를 들은 적은 없는가? 활달한 탓에 인간관계를 잘 맺는 편은 아닌가? 누구에게나 예의 바르게 대하며, 인사성이 밝다는 말을 자주 듣지 않는가? 상식이 많은 사람이라는 이야기에 익숙하지 않은가?

집에서 찾는 나의 장점도 있다. 정리정돈을 잘해서 집이 늘 청결하다는 소리를 듣지 않는가? 내가 하는 요리는 대부분 맛있다는 평을 듣지 않는가? 반려견과 교감을 잘한다는 말을 듣지 않는가? 가족 기념일을 잘 챙긴다는 소리를 듣지 않는가?

친구들이 당신을 인정하는 부분을 생각해보자. 약속은 칼같이 지키는 사람이라는 말을 듣고, 언변에 능해서 주변을 즐겁게 한다거나, 친구를 살뜰히 챙긴다거나, 의리가 있다는 말을 듣고 있지는 않은가?

이런 질문들에서 알아차렸겠지만, 자신의 장점 혹은 강점은 아주 사소한 것일 수도 있다는 게 중요하다. 손흥민처럼 축구를 잘해야, 빅마마만큼 요리를 잘해야 칭찬의 대상이 되는 게 아니다. 대신 '조금 더 잘하는 것'이거나, '조금 더 자주 칭찬을 들었던 일'이면 충분하다. 이와 같은 방식으로 자기에게서 칭찬할 것들을 찾다 보면 감사가 물밀듯 찾아올 것이다.

감사의 대상에서 제일 중요한 사람은 나다. 모든 것은 나로부터 시작된다는 점을 감안해도 그렇다. 그런 의미에서 나에 대한 감사와 칭찬은 교만이 아니다. 자기 돌봄이다. 더욱이 감사의 대상으로서 내가 나를 먼저 챙길 때 주변을 돌볼 에너지와 열정 또한 생기는 것이다. 이 점을 잊지 않았으면 한다.

"자신의 장점과 자랑을 찾아내고 그 가치에 감사하며 발전시켜

라. 단순히 '나는 나 자신을 사랑해'라고 말하는 것만으로는 부족하다. 행동이 뒤따라야 한다. 자아를 형성하고 있는 개성과 특성을 파악해서 그것들을 소중히 여기고 깊이 감사하는 마음을 가져야 한다"(《감사의 힘》 중에서).

3. 기쁨 게임을 즐겨라

엘레나 H. 포터(1863-1928)가 쓴 《파레아나의 편지》의 일부 내용이다.

"내가 인형을 갖고 싶어 했거든. 그래서 아빠가 교회 본부에 부탁했는데, 인형은 안 오고 솔잎 지팡이가 와버렸어요. 담당 여직원의 편지엔 '인형이 없어서 지팡이를 보냅니다. 지팡이가 필요한 아이가 있을지 모르니까요'라고 쓰여 있었어. 그리고 그때부터 지팡이 놀이가 시작됐어."

"하지만 그건 조금도 놀이가 되지 않을 것 같은데요? 전혀 알 수 없어요."

낸시는 짜증이 나려고 했습니다.

"뻔하잖아? 게임은 말이야, 뭐든지 기뻐하는 거예요. 기쁜 일을 무엇에서든 찾는 거예요"

파레아나는 더욱 열성이었습니다.

감사 나눔의 기적

"그래서 당장 지팡이 놀이부터 시작한 거야."

"그러니까 우습단 말이에요. 인형을 갖고 싶은데 엉뚱하게 지팡이가 왔다고 해서 뭐가 기뻐요. 기쁠 리가 없잖아요?"

파레아나는 손뼉을 쳤습니다.

"그거야, 그거! 나도 처음에는 몰랐는데 아빠가 가르쳐주셨거든."

"그럼 내게도 가르쳐 줘요."

"그러니까, 지팡이를 쓸 필요가 없으니까 기쁜 거야. 알겠지? 알고 나면 무척 쉬운 게임이야."

"거참, 묘한 게임도 다 있군."

낸시는 파레아나를 천천히 쳐다보았습니다.

"묘한 게 아냐. 멋지단 말이야."

파레아나는 열을 내며 말했습니다.

"그뒤부터 그 놀이를 쭉 하고 있어요. 기쁨을 찾아내기가 어려우면 어려울수록 재미있어요. 하지만 어떤 때는 너무 어려워서 아무래도 잘 되지 않을 때도 있어요. 아빠가 천국으로 가버리고 부인회 회원들밖에 의지할 사람이 없게 되었을 땐 정말 굉장히 어려웠어요."

고아가 된 파레아나는 이모 집에 살면서 기쁨 게임을 한다. 일상은 기쁨 게임의 연속이었다. 처음 만난 사람에게도 선뜻 인사하고,

고민을 들어주고, 모든 일의 뒤에는 기쁨이 있다는 걸 알려주면서 인간관계를 맺었다. 파레아나에겐 단지 게임이었겠지만, 마을에 사는 소외된 사람 모두는 이 소녀를 통해 기쁨을 경험하고 치유와 회복까지 누리게 된다. 그후로 기쁨 게임은 마을의 운동이 되었다.

'기쁨 게임'이란 이렇게 사건이나 상황에 기대하는 것이 없는 대신, 무슨 일에든 감사할 일이나 기쁨이 있을 것을 알고 그 기쁨을 찾는 놀이다. 예를 들면 이런 것이다. 우리는 로또를 살 때 기대감도 함께 산다. '안되면 말고'라고 스스로 위안해도, 은근한 기대를 두고 구매하니까 '1등이 되면 뭐 할까? 차부터 바꿀까?' 하는 바람은 버리기 힘들다. 누구나 당첨을 바란다. 기다리던 토요일이 오고, 추첨 결과 단 두 개 숫자만 맞혔다는 사실을 알고 났을 때 기대는 실망으로 바뀌어 버린다. "이번에도 꽝, 오천 원 날렸네. 에라이 내가 그렇지 뭐." 기대가 실망이 되는 순간, 부정적 감정이 남는다.

하지만 기쁨 게임에 참여한다면 전개가 달라진다. 어디서라도 기쁨을 찾을 수 있다. 당첨이 안 된다 할지라도 누군가 당첨되어 기쁘고, 로또 기금으로 어려운 이를 도울 수 있으니 기쁘고, 정말 당첨이라도 된다면 또 기쁠 수밖에 없다. 어찌 되든 실망 대신 기쁨으로 가득 찬다. 긍정적 감정이 지속된다. 치유와 회복을 경험한다. 파레아나가 사는 마을에 찾아온 기적이 우연은 아닐 것이다.

오늘날은 코로나19로 많은 사람이 외로움과 두려움으로 힘든 가운데 있다. 우리에게도 절실하게 기쁨 게임이 필요한 순간이 왔

감사 나눔의 기적

다. 각자 파레아나가 되어보는 건 어떨까. 사람을 만날 때마다 감사와 기쁨으로 대한다면 우리의 아픈 마음도 치유되고 회복될 것이다.

4. 우리는 기쁨을 차단하고 살아왔다

《마음 가면》을 쓴 브레네 브라운 박사는 수치심, 두려움, 취약함 따위의 감정을 연구하는 사람이다. 브라운 박사는 기쁨의 구성 요소를 탐색하던 중 상상하지 못할 놀라운 일을 발견하게 되는데, 박사는 그 책에서 이렇게 말한다.

"진실로 가장 느끼기 힘든 감정이 바로 기쁨입니다"

실로 맞는 말이 아닐까. 우리는 기쁘지 않을 때가 대부분이고, 기쁠 때도 마치 기쁨에 저항하는 것처럼 곧 불안에 휩싸인다. 분명 기쁘지만, 기쁨과 동시에 나도 모르게 밑에서 올라오는 불안 또한 함께 있다. 호사다마라는 속담을 너무 마음에 새기고 산 것일까. 좋은 일 뒤에 나쁜 일이 올 것을 꼭 확신하는 것처럼 말이다.

그 책을 공감하면서 읽다가, 이번엔 나를 놀라게 한 연구 결과를 발견했다. 브레네 박사가 연구 참가자들에게 "당신이 가장 취약하다고 느낄 때는 언제입니까?"라고 질문한 것에 대한 참가자들의 답이었다.

"벅찬 기쁨의 순간입니다."

일상생활 중엔 취약함을 느끼지 못하지만, 가장 큰 기쁨을 느낄 때 오히려 불안해한다는 말이다. 누구도 예상못한 답이었다. 인생에서 가장 기쁜 순간에 가장 취약함을 느낀다니 말이다. 그 다음으로는 다음과 같은 순간에 가장 취약함을 느낀다고 답했다.

- 아이가 잠든 모습을 지켜보며 서 있을 때,
- 지금 하는 일이 마음에 쏙 들 때,
- 부모님과 시간을 보낼 때,
- 임신했을 때,
- 승진했을 때.

충격이었다. 기쁨을 느끼는 것도 어려운데, 기쁨을 느낄 때조차 스스로 기쁨을 차단해버린다니! 생각해보면 나도 그랬던 것 같다. 딸 지선이와 장난을 치며 깔깔대고 웃다가도 불쑥 나 스스로 기쁨을 차단하며 우울해했다. 왜 그랬던 걸까? 기쁜 상황에서도 마냥 기뻐하지 못했던 이유는 무엇일까?

결론부터 말하자면, 본인의 취약성을 받아들이지 못하거나 받아들이려 하지 않을 때부터 기쁨은 불안과 같은 무엇으로 바뀌게 된다는 것이다. 기쁨을 차단하여 온전한 기쁨을 누리지 못하는 것이다. 그래서 감사 나눔이 필요하다. 감사 나눔을 하게 되면 취약성 또한 '취약'이 아닌 '감사'의 하나로 받아들이게 되어 취약성이 약해진다.

특별히 감사 나눔을 21일간 하면 '3주의 법칙'에 의해 감사 나눔이 습관으로 자리 잡는데, 3주간 진심으로 감사하며 나눔을 했다면 처음으로 느끼게 되는 본인의 달라진 모습이 바로 걱정과 불안이 줄어드는 것이다. 기쁨을 온전히 받아들이게 되기 때문이다.

나도 이것을 경험한 바가 있다. 나의 취약성은 체면 문화의 한 가지에 해당하는 수치심이었다. 내 안에는 수치심이 단단히 자리 잡고 있었다. 그 때문에 두려움이 많았던 나는 표현하기보다 참는 스타일이었으며, 대신 속으로 상대방을 은근히 비난하고 있었다. 거절감도 많았다. 부탁을 받으면 잘 거절하지 못하였다. 아닌 것은 아니라고 솔직하게 말해야 하는데 그러지 못했다. 그동안 불행 연습에 갇혀 있던 것이다.

그러나 감사 나눔을 하며 달라졌다. 그동안 찜찜하게 여기기만 했던 감정의 취약성이 보완되었다. 기쁨 차단기가 저절로 꺼지게 된다. 이제 내게 기쁨이 올 땐 "오우! 기쁘다!" 하며 온전히 즐거워한다. 순수한 기쁨이 내게 머물러 있다. 이것만큼 현명한 삶이 어디에 있을까?

이제는 딸 지선이를 보더라도 당당히 맞이한다. 꼭 나의 잘못으로 아이가 아픈 것 같아서, 아빠가 못나서 이렇게 된 것마냥 미안한 마음만 들어서, 우리 아이가 언제까지 내 곁에 있을 수 있을까 하는 불안한 마음에 금세 차단해버렸던 기쁨이었지만, 감사 나눔을 시작한 뒤로 더는 그렇지 않다. 딸과의 행복한 순간을 순수하게 즐긴다. 기쁨에서는 기쁨만 가져간다. 진심으로 감사하면 기쁨과 행복은 저절로 따라온다. 나는 브레네 박사를 만나면 말해주고 싶다. 기쁨 차단기가 어떻게 스스로 올라가게 되었는지, 그 차단기가 바로 감사였다는 사실을 말이다.

5. 마음의 공간을 넓히는 방법

미국 포브스 지에선 매년 대학교 축사 중 최고의 것을 뽑아 게재한다고 한다. 2017년에 선정된 축사는 페이스북 최고 운영책임자인 셰린 샌드버그의 연설이었는데, 버지니아 공대에서 했던 그녀의 연설 중 핵심만 소개하면 다음과 같다.

"자기 전 그날 겪었던 행복했던 순간 세 가지를 적어보세요."

"그날의 좋은 기억을 회상하고 그것들을 증강시키세요."

이제 막 사회에 진출하기 위해 발돋움하는 학생에게 이보다 적합한 축사는 없다. 어엿한 졸업생이지만, 사회생활에선 곧 신입생이 되는 그들은 모든 것에 서투르고 어설프며 긴장해서 실수할 때도 있겠다. 익숙해질 때까지 적응의 시간이 필요할 것이다. 스트레스와 두려움도 당연히 따라올 것이다. 사회 초년생이 겪는 우울은 여기서 시작된다. 따라서 필연과도 같이 따라오는 어려움을 잘 해쳐나가야 하겠다. 그럴수록 필요한 게 긍정적인 마인드이다.

셰릴 샌드버그의 연설이 사회 초년생들에게 주는 최고의 연설로 선정된 이유는 그 때문이다. 자기 전에 그날 겪었던 행복했던 순간 세 가지를 적어보고, 그날의 좋은 기억들을 회상하면서 그것들을 증강시키는 일은 긍정적인 마인드를 갖기에 탁월한 조언이다.

매일 행복했던 일을 적고 회상하여 증강시키는 것이 좋은 다른 이유를 정신치료 전문가 뇔르 C. 넬슨이 말해준다.

"감사란 결코 어려운 것이 아니다. 삶의 문제점들에 억지로 감사하려고 노력하는 대신 만족스러운 점에 집중하는 시간을 늘린다면 저절로 감사가 우러나올 것이다."

셰릴과 뇔르로부터 바통을 이어받아, 여기서부터 나의 생각을 더한다.

오늘의 즐겁고 기뻤던 일을 끄집어 내어 생각하는 것은 감사의 지경을 넓히는 길이다. 감사의 지경이 넓어지는 것은 아주 중요하다. 감사의 지경이 넓어진다는 것은 바로 마음의 공간이 넓어진다는 뜻인 탓이다.

마음에 여유, 곧 방(room)이 생긴다는 것은 외부 반응을 수용할 공간이 형성된다는 말로서, 외부로부터 오는 불편한 감정에 흔들리지 않게 된다. 주변에서 허허실실하는 사람이 있다면 대부분 마음의 공간이 넓은 사람일 것이다.

반대로 자기 마음의 공간이 작다는 말의 의미는 외부 자극에 쉽게 반응해서 즉각 감정적으로 응대하는 것을 말한다. 쉽게 화내고 쉽게 짜증내는 사람은 보통 마음의 공간이 거의 없는 사람이다. 단지 마음의 공간이 넓고 좁다는 차이가 있을 뿐인데, 전혀 다른 반응이 일어난다.

호주 시드니에 있는 삼일교회에 김혜천 권사님이 있다. 그 분은 16년 전에 대형 교통사고를 당했다. 급히 병원에 이송되었지만 척추마비로 하반신을 쓸 수 없는 장애인이 되었다. 몸의 절반을 온전히 쓸 수 없게 되었다는 절망도 절망이지만, 찌르는 듯한 통증으로 매일 모르핀(마약성 진통제)을 먹어야 생활할 수 있을 만큼 통증이 더 힘든 분이다. 퇴원한 후에도 집에서 3년을 누워서 보냈다. 그럼에도 기적은 불면증이나 우울이 없었다는 것이다. 이유를 물어보았다.

"수술 후 의식이 돌아왔을 때, 이렇게 다짐했어요. 이제부턴 누굴 원망하거나 탓하지 않겠다. 두 다리가 멀쩡했던 과거를 돌아보지 않겠다. 대신 기쁘고 즐거웠던 일과 생각만 떠올리며 생활하겠다."

권사님의 고백을 덧붙이면, 화를 내거나 누구를 험담하기만 해도 통증이 즉시 찾아와 몹시 고통스러웠다고 했다. 말로써 부정적인 것을 표현하면 우리 몸 안에 있는 신경세포가 상처 난 곳을 공격하는 것처럼 말이다. 반면 좋은 생각으로 가득 채우는 즉시 신기하게도 통증이 사라졌다는 것이다. 본인이 했던 일은 매일 감사 일기를 쓴 것이고, 마음을 밝고 행복하게 만드는 영화나 음악을 보고 들으며 감정이 우울할 틈을 주지 않았다고 했다. 그 밖에도 컨디션 회복을 위해 그림을 그리고, 기타를 치며 노래를 부르고 뜨개질도 했다. 심지어 불편한 몸으로 봉사활동까지 했다고 한다. 그렇게 1년을 지내고 담당 의사를 만난 날, 이런 말을 들었다.

"통증을 이겨내기 위해 테라피 교육을 받을 필요가 없겠네요. 다른 환자들도 당신처럼 일상을 긍정적으로 바라볼 수 있도록 마음 공간을 넓히는 연습을 했으면 좋겠군요."

그것은 그 분에게 자부심과 같은 말이 되었다.

우리도 내 마음을 지키거나 공간을 확장하기 위해, 의지를 가지고서 그날 기뻤거나 행복했던 일을 떠올려서 자신에게 머물게 해야 한다. 이를 통해 감사의 지경이 넓어지면 마음의 공간이 넓어져서 다른 눈으로 세상을 볼 수 있게 될 테니 말이다.

'매일 행복했던 순간 세 가지'로 감사나 칭찬을 써보는 것도 마음의 방을 넓히는 하나의 방법이라는 생각이 든다. 이왕 쓰는 거, 두 개 더 보태 다섯 가지를 써보는 건 어떨까? 단번에 감사의 지경을 넓힐 수 있는 지름길이 되지 않을까 한다.

6. 어떻게 범사에 감사할 수 있을까?

나도 인간인지라 감사하라고 하면 내 주변에 있는 것부터 감사했다. 하나님에 대한 감사는 먼저 나오지 않았다. 그런 내게, 하나님은 의외의 말씀을 해주셨다.

"주어진 것에 먼저 감사하니, 고맙다. 그것은 내가 네게 준 일상이었다. 잘 누리고 있어 주어 고맙다."

조금 늦게 알게 되었지만, 하나님은 우주 질서 속에서 주어지고 만나게 되는 것에 대해 감사하기를 원하셨던 것이었다. 일상에 대한 감사는 우리 존재의 주인이 되시는 하나님을 인정해드리는 것과 같은 것이었다.

"항상 기뻐하라. 쉬지 말고 기도하라. 범사에 감사하라"라는 데 살로니가전서 5장 16절 말씀은 일 년에 한두 번은 꼭 설교로 듣게 된다. 그렇게나 해를 거듭하며 자주 들었지만, 이해하기까진 더 많은 시간이 걸렸다. 말씀이시니 물론 새겨들었다. 그러나 항상 기뻐하고 쉬지 말고 기도하며 범사에 감사하라는 말씀이 왜 하나의 묶음처럼 전해지는 설교인지는 알 수 없었다.

그러다 지선이를 통해 진정한 감사가 무엇인지 깨닫게 된 후로 알게 되었다. 범사에 감사하면 기쁨을 누리게 된다. 그렇게 되면 저절로 하나님이 떠오르게 되어 있다. 자연 세계를 주신 분, 기쁨을 주신 분은 하나님이시기 때문이다. 그래서 감사하면 하나님이 떠오르게 된다. 감사하면서 하나님과 대화하게 된다. 감사하라는 하나님의 바람대로, 나는 주변에 있는 것들에 대한 감사를 먼저 하였고, 그 이후에는 자연스럽게 하나님께 감사하게 되었다. 일상을 향한 감사가 하나님을 향한 감사로 나아갔다.

직장에 다니던 시절, 점심시간이면 운동도 할 겸 하천을 따라 걸었다. 길가에 핀 야생화를 보면 가던 길을 멈추고 꽃을 자세히 들여다보며 "여기에 피어 있어줘서 고마워"라고 말해주면 꽃도 나에게 말을 걸어왔다.

"나도 고마워. 나에게 고맙다고 말해준 사람은 네가 유일해."

꽃이 바람과 함께 살랑거리며 내게 속삭여주는 것 같았다. 스치는 바람도 향기롭게 다가왔다. 그럴 때면 자연이 주는 기쁨을 누리며 내 입가에 흐뭇한 미소가 지어졌다. 이처럼 미소는 내게 작은 행복으로 다가오고, 내면의 미소는 다른 사람들을 향하여 배려하는 여유가 되어 내게 행복을 준다.

사실 꽃이 어떻게 말하겠는가? 다만 내 마음을 전하니 반사되어 돌아왔을 뿐이다. 나는 이것이 모든 사물의 특징이고 축복의 원리라고 생각한다. 이런 우주 질서와의 완벽한 조화에 진정으로 눈뜨고 그것을 인정할 때, 여타 상대적인 것은 상호보완적이고 공존하는 것으로 받아들일 때, 우리는 하나님을 생각하지 않을 수 없게된다. 이럴 때 나는 하나님께 감사하며 많은 대화를 할 수 있었다. 쉬지 말고 기도하라는 말씀을 삶 속에서 누리며, 주님과 동행하는 삶을 살아가게 되었다.

하지만 나는 언제나 사람에 대한 감사가 문제였다. 좋을 때는 괜찮지만, 나와 다른 사람을 만나거나 내가 싫어하는 성품의 사람을 만나면 두려움이 많아 회피할 때가 많았다. 그 중에서 여전히 난

공불락의 대상으로서, 내가 감사를 잘 표현하지 못하는 사람이 의외로 내 아내이다.

감사 중에 최고의 감사는 '그럼에도 불구하고 감사'하는 것이라고 했다. '그럼에도 불구하고 감사'는 일상에 주어진 환경이 어려워도, 이해되지 않는 위기와 갈등이나 고난도 있는 그대로 받아들여 감사로 표현하는 것이다. 위기와 고난이 스트레스가 아니라는 말은 아니다. 다만 병들게 하심도, 고독하고 외로운 것도 감사로 표현하자는 것이다. 이것이 우리의 약함을 겸손히 인정하는 것이고, 그럴 때라야 비로소 이 땅을 통치하시며 주인이 되시는 하나님을 만나게 되는 축복을 누릴 수 있다. 그래서 나는 '그럼에도 불구하고' 감사하기 위해, 부부로서 함께 살아온 아내에게 감사하기 시작했다. 때로는 서로 다름에서 오는 갈등 때문에 짜증이 나고 어려웠지만, 그럼에도 불구하고 감사하기로 했다.

"아내가 있어서 감사합니다. 서로 다른 모습을 받아들이며 이해하게 하시니 감사드립니다."

"서로 다름을 통하여 다른 사람들을 이해하는 시야를 넓혀주시니 감사드립니다."

"관점의 차이를 통하여 사고의 확장이 일어나게 하시니 감사드립니다."

"아내로 인하여 다른 분들과 어울려 지냄을 배우게 하시니 감사드립니다."

감사 나눔의 기적

그날로 난공불락의 대상을 무찔렀다. 아내를 인정하게 되고, 존재를 이해하게 되고 의식하게 되었다. 내 감정이 화가 난 상태라서 아내가 미워보였던 것임을 알게 된 것이다.

아내를 향한 감사는 무궁무진했다. 한 가지도 없는 줄로 알았는데, 감사를 쓰다 보니 천 가지도 넘는 감사가 있었다. 그 자체로 풍성이었다. 나는 가진 게 많은 사람이었던 것이다. 결국 감사를 통해 또 하나 얻은 것은 나의 삶이 풍성해졌다는 것이다.

'그럼에도 불구하고' 아내를 감사하고 인정했더니 우리 부부에게 변화가 생겼다. 아내도 나를 인정하기 시작했다. 자기감정만 앞서 있던 사람이 이제는 나를 인정하고 인식하게 되었다. 있는 그대로를 받아들이자 우리 부부에게 일어난 기적이었다. (나의 기준에서 이건 기적이다.) 이처럼 초월적인 경험을 할 수 있었던 것은 감사 나눔의 효과였다.

직장에 대한 불만을 혼자 끙끙 앓고 참으라는 말
은 아니다. 다만 문제에 대한 인식의 차이가 있을
수 있으니, 이를 알고 가자는 것이다. 직장의 좋
은 환경이나 여건을 감사거리로 보면 자신이 갖
고 있던 불만이 풀리는 경우가 많은 것도 그 때문
이다. 특히 동료와 같은 주제로 감사 나눔을 해보
면 편향적인 자신을 보는 기회도 될 수 있다.

5장

직장이 행복해지는
감사 나눔

감사하면 어떤 직장도 다닐만하다

1. 불편한 상사와 관계 맺는 법

사회적 동물인 우리는 사회생활을 통해 다양한 사람을 만나고 사 귄다. 이런 사람, 저런 사람을 접하게 되는데, 그러면서 내 마음에 맞는 사람하고만 생활할 수 없다는 것을 알게 된다. 피하고 싶지 만 어쩔 수 없이 마주쳐야 하고 대화해야 하는 사람도 생기게 된 다. 이런 관계는 특히 직장에서, 더욱이 직장 상사와의 관계에서 많이 발생한다.

함부로 말하는 상사, 다혈질의 상사, 자기주장이 강한 상사, 누 가 들어도 멀리하고 싶은 유형의 사람이지만, 먹고 사는 일에 게

을리하지 않기 위해 우리는 어쩔 수 없이 직장에 가야 하고 미운 상사와 마주하기도 해야 한다. 물론 마주할 때마다 껄끄럽다. 일로써 스트레스를 받는 것도 모자라 사람에게 받는 스트레스까지 가중되니, 직장은 그야말로 지옥이나 다름없다. 우울감까지 호소하는 사람도 있다. 그만큼 인간관계에서 오는 타격은 엄청난 것이다.

교회 공동체에서 만나는 사람에게서 얻게 되는 불편함은 그저 받아들이며 지낼 수밖에 없다고 생각한다. 서운한 마음이 있다 할지라도 불편하고 두려워하여 말하기를 망설인다. 대신 내가 상대에게서 멀어지거나, 상대가 나로부터 멀어지기를 바란다. 사회와 직장에서도 마찬가지다. 상사가 그만두거나 본인이 퇴사하지 않는 이상, 이러한 감정의 피로는 매일같이 반복된다. 이럴 때일수록 관계의 재정립이 중요해진다. 설사 그것이 상사의 악한 성품에서 비롯된 것이라 할지라도, 결국 사람 사이의 관계 문제이기 때문이다.

그렇다고 방법이 없는 건 아니다. 불편한 사람과 화해하여 편한 마음으로 지내는 방법이 바로 '감사 카드 나눔'이다. 상사를 객관적으로 보고서 긍정적인 면이나 자랑 혹은 특성을 감사 카드에 써보는 것이다. 사실 상사에게 칭찬거리가 없는 것은 아니다. 입에 단 말을 상사에게 하기 싫은 것뿐이다. 7-10개 정도는 쉽게 쓸 수 있다. 예컨대 외모, 피부, 목소리, 옷 입는 감각, 센스 등이 있다. 쓰면서 알게 되겠지만 상사는 나와의 관계에서 문제였지, 사실 회사

입장에서 보면 한 분야의 전문가로서 반드시 필요한 사람일 수 있다. 쓰다 보면 알 것이다. 미워하여 상사의 미운 모습만 찾았던 당신이 처음으로 상사의 장점을 보게 될 것이다. 작은 선물도 하나 준비하라. 감사 카드와 함께 전해주기 위해서다.

감사 카드를 전하는 명분은 얼마든 만들 수 있다. 자신이 정한 감사데이(Thanksgiving Day)라며, 가까운 분에게 감사를 전하는 날이라고 말하는 것도 한 방법이다. 실례로 우리 상담소에 찾아온 내담자 중 '감사 나눔'을 통해 상사와 화해한 케이스가 있기도 하다. 상사 스트레스로 잘 다니던 직장까지 그만두려 했던 분이었다. 그 정도에서 그쳤다면 어쩌면 다행이었는지도 모른다. 더 심각한 결과를 낳을 수도 있었기 때문이다. 그럴 정도로, 상담 차 나를 찾아온 것은 치유가 필요하다는 말이었다.

먼저 상담을 진행한 다음, 나는 그 분에게 눈 질끈 감고 상사에게 감사 카드를 써서 나눌 것을 조언했다. 그 분은 나를 믿고 내 조언을 받아들였다. 그 분은 위기를 기회로 전환했다. '감사 나눔'을 통해 관계를 재정립했기 때문이다. 감사 나눔을 한 날부터 팀장은 내담자에 대한 존중을 넘어 여기저기에 그를 자랑하고 다니느라 바빴다. "이런 부하직원을 두기나 해봤느냐? 내가 이렇게 감사를 받을 사람이다"라는 등 하면서 말이다. 사실 그날 악마 같던 상사는 내담자 앞에서 감동의 눈물까지 보였다고 한다, 악마를 다스린 것이 감사였다는 사실이 놀랍지 않은가. 어쩌면 팀장도 사실

감사 나눔의 기적

인정에 목말랐던 사람인지도 모른다. 당신이 보지 못하던 상대의 약함은 누구나 가지고 있는 것이니까 말이다. 그러므로 상대의 미숙으로 인한 것이든 본인의 잘못으로 인한 것이든. 불편한 관계로 고통받고 있는 나를 살리는 길은 눈 '딱' 감고 하는 감사 나눔이다.

2. 감사 나눔으로 직장 내 세대 차이도 극복할 수 있다

직장 부서 내에서 의사소통이 안 되는 이유는 여럿이다. 뭐가 안 되고, 뭐가 어렵고, 말하다가 뭐에서 막힌다고 어려워한다. 사실 소통이라는 게 쉬운 일은 아니다.

앞서 말했지만 막힘없이 잘 통(通)하기 위해서는 공부와 연습이 필요하다. 본디 소통이 만만한 일은 아니라는 이야기는 공연히 잔소리가 될 것 같아 일단 제쳐 두기로 한다.

부서의 장을 만나면 소통 문제에 관해 공통으로 하는 말이 있다. "젊은 직원과 대화가 잘 안 돼요."

이구동성, 다른 입에서 하나의 말이 나오는 걸 보니 세대차이는 극복하기 힘든 일임을 새삼 느낀다. 나도 느껴본 바다. 그래서 우리는 교류를 위한 시대적 필수품으로 SNS를 한다. 인터넷을 통한 소통의 통로인 셈인데, 여기서 대인관계를 맺거나 유지하기도 한다. 한번은 어떤 모임의 주제에 관심이 있어 SNS로 교류를 시도해 보기로 했다. 나이를 불문하고 같은 관심을 가진 사람들이었기 때문이다. 그러나 며칠 못 가 세대차이로 인한 소통의 어려움을 느껴 결국 탈퇴했다. 심지어 대면이 필요 없던 온라인상이었지만 말이다. 온라인상이건, 오프라인이건, 나이 차이를 메꾸는 관계를 갖기가 어렵긴 한가 보다.

직장은 질서구조 속에서 업무적 관계를 갖는 곳이다. 보통 업무 수준까지는 소통이 된다. 상사와 부하 직원이 가질 수 있는 공통의 화제이기 때문이다. 일을 시키고 시킨 일을 한다. 묻고 답을 해야 한다. 직장에서의 대화는 딱 거기까지이다. 세대의 차이로 인해 친밀한 소통이 단절된다. 아무래도 어렵고 어색하고 불편하다. 젊은 친구들의 쿨(?)한 마인드도 친밀함의 단절에 한 몫을 한다. 일로 만난 사이이니 자기 일만 잘하면 그만이다. 개인에 대해 말할 필요도 없고, 굳이 말하지도 않는 게 요즘 젊은이다. 우리 아들만 봐도 그런 걸 알 수 있다.

나는 내 직장에서 일주일에 1,2회 정도를 기본으로 부서 감사 나눔을 하기로 했다. 한주가 시작되는 월요일엔 각자 주말을 어떻게 보냈는지 감사 나눔을 통해 이야기를 나누었고, 나머지 하루는 주중 일과에 대해 감사 나눔을 했다. 물론 "서로의 일상을 털어놓고 대화하자"가 목적은 아니었다. "일상에서 찾은 감사를 나누자"라는 게 우리가 원하는 것이었다. 그러다 보니 아주 사소한 일과를 서로 나누는 결과를 낳은 것이다. 부하직원은 자신의 감사를 읽으며 나눈 것뿐인데 상사는 부하직원의 집안 사정에 대해 알게 되었

감사 나눔의 기적

고, 평소 인상만 쓰고 있어 포악한 사람인 줄로만 알려진 상사가 알고 보니 개인적인 고민이 있어 그랬던 것임을 알게 되었다. 그제야 "아하!"를 외치며 서로를 이해하게 되었고, 자연스레 세대 사이에 소통을 하게 된 것이다.

더욱 효과적이었던 것은 감사 나눔 시간에 본 상사나 부하의 삶의 모습을 업무나 보직에 참고하게 된 것이다. 배려하게 되고, 배려를 받아 기쁜 직장이 되어갔다. 그리고 업무가 원활한 공동체가 되어갔다. 친밀하게 지내며, 도움을 주고받으며 단합된 부서로 자리매김해갔다. 부서 내의 화목한 분위기는 업무의 성과로 이어졌다. 신바람 나는 일터가 되어갔다. 감사 나눔을 하고서 부서장으로부터 듣게 되는 인사가 달라졌다.

"아유, 김 선생님, 이제 젊은 직원과도 소통이 되네요, 감사 나눔 덕입니다."

마음을 열고 나니, 세대 차이는 그저 다름이었을 뿐이었다.

3. 감사로 원가절감에 성공한 사례

네패스 대표이사 회장 이병구 씨가 쓴 《경영은 관계다》라는 책이 있다. 간략히 소개하자면 성과 창출의 비결을 '직원들이 노래를 부르고, 책을 읽고, 감사 편지를 쓰는 것'에서 찾은 이야기이다. 네패스는 한 마디로 감사 경영을 통해 행복한 기업으로 성장하는 데 성공한 회사라고 할 수 있다. 그 책에 이런 문구가 나온다.

가끔 이 기업의 제조 현장을 방문하는 사람들은 특정 장면을 보고 도저히 이해할 수 없다는 표정을 짓기도 한다. 기계에 '감사합니다'라고 적은 스티커를 붙여놓는가 하면, 엔지니어들이 실제로 수시로 장비에게 고개를 숙여 "감사합니다"라며 인사를 하기 때문이다. 21세기 첨단기술 시대에 사물에 경의를 표하는 모습은 당황스러운 장면일 수도 있다. 그렇지만 기계에 대한 감사는 네패스가 해온 오랜 문화이며, 실제로 아주 큰 효과가 있음이 증명되었다.

이 공장에는 휴대전화의 터치패널을 제조하는 공정에 사용되는 스퍼터(Sputter)라는 40-50억 원 상당의 고가 장비가 있는데, 365일 24시간 연속 작업을 해야 하는 중요한 장비이다. 그런데 한 달에 10건 전후의 인덱스 에러(index error)로 인해 장비가 멈추곤 했다. 문제는 이 스퍼터가 멈추면 다른 모든 공정이 멈추고, 결국 공장이 한 시간 이상 올스톱된다는 점이다. 장비가 한 시간 동안 멈추면 3천 개 정도 제작이 늦춰지기 때문에, 금액으로 환산하면 1천 7백만 원 정도의 손실이 발생한다. 평균적으로 한 달에 10건 정도 발생하는 스퍼터의 오류 때문에 약 1억 7천 만 원의 피해가 매달 고정적으로 발생하는 것이었다. 그냥 무시할만한 손해 규모가 절대 아니었다. 결국 우리

감사 나눔의 기적

는 이 문제를 해결하기 위해 '감사를 통한 솔루션'을 실천하기로 했다. 아침마다 장비 그룹 직원들이 모여 스퍼터를 비롯해 각자의 장비 앞에 서 "감사합니다!"를 크게 외치며 90도 각도로 인사를 하고, "고장 ZERO 감사합니다!", "가동 100퍼센트 감사합니다!"라는 문구를 적어 장비에 붙여놓았다. 이러한 활동은 당사자들조차 예상하지 못했던 결과를 가져왔다. 한 달에 10건씩 발생하던 고장이 1건으로 확 줄어들었고, 그로 인해 매달 1억 5천 만 원 이상의 손실이 줄었기 때문이다.

나는 네패스에서 벌어진 이 기이한 상황에 한 치의 의심이 없다. 철저히 믿을 수 있는 건 감사로 발생한 효과이기 때문이다. 이 책을 보면 기계가 사람의 말을 알아들었기 때문은 아니라고 한다. 천재 과학자 아인슈타인이 말한 '에너지와 질량의 등가법칙'대로, 즉 우리 눈앞에 무언가 사라질지라도 그것은 궁극적으로 무(無)가 되는 것이 아니라 또 다른 형태도 존재하게 된다는 것이다.

감사 나눔 운동을 했던 다보스병원은 지하 3층에서 지상 10층까지 철강과 콘크리트를 사용하여 지어진 종합병원이다. 건물만 보자면 다보스 근처에 있던 여타의 빌딩과 다를 바 없다. 딱딱하고 차가운 건축 자재들로 지어진 일반 건물이다. 그러나 병원 근무 당시 많은 분에게 들었던 이야기가 이 병원에 들어서면 왠지 모를 따뜻한 느낌이 든다는 거였다. 유독 다보스병원 분위기가 그렇다고 말이다. 직원 누구가 특별히 더 친절하고 상냥하게 대했던 건 아니라고 했다. 그러나 말로 설명하지 못할 따스한 느낌이 분명 있다고 한다.

당시 다보스병원은 이랬다. 곳곳에 감사 글귀가 쓰인 액자가 붙어 있었고, 대형 현수막으로 감사 인사가 게시돼 있었다. 같은 시간에 병원 어디에선 누군가 감사 나눔을 하고 있었다. 그 파장의 기운이 지하 3층부터 지상 10층의 병원에 맴돌고 있었다. 한 사람의 감사가 전체에 운행하고 있던 것이다. 나는 이것이 아인슈타인이 말한 '에너지와 질량의 등가법칙'이 작용했다고 본다. "감사합니다"라고 말한 그것이 가시적인 무엇이 되진 않았으나, 분위기로 존재하게 된 것이다.

비슷한 사례는 일본에서도 발견된다. 일본 다카다제과는 '다마고 보로'라는 과자로 유명해진 회사다. 다카다 회장은 직원들에게 과자를 향해 "감사합니다!"라고 외치도록 하였다. 제품 속에 그들의 마음과 행복을 넣자는 의도였다. 만드는 사람의 심리적 파동이 물건으로 이동한다는 것에서 착안된 아이디어였다. "감사합니다"라고 말하는 사람은 자연스레 웃는 얼굴이 되어 긍정적인 자세로 제품을 만들게 된다는 것을 다카다는 진작에 알았던 것이다. 과자를 만드는 전 과정에 "감사합니다, 감사합니다"를 말하게 했고, 약속을 지킨 직원에게는 별도의 수당을 지급하기도 했다. 그 결과, 다마고 보로가 어떻게 되었는지 아는가? 판매가 폭발적으로 늘어

일본 전시장을 휩쓸게 되었다. 품절 대란이 이어졌고, 가격 인상에도 끄떡없이 성공한 기업체가 되었다. 다카다 회장의 경영철학인 '감사'의 당연한 결과였다.

4. 감사가 장기근속을 가능케 한다

다음 내용은 '직장에서의 감사'라는 내용으로, 다보스병원에서 근무하던 시절에 보았던 감사 나눔의 효과를 '직장'의 관점으로 보고 쓴 것이다. 업을 위해 모인 공간인 직장의 사례와 다보스병원에서 있었던 감사 나눔의 사례들이다.

2013년부터 2017년까지 용인 다보스병원에서 근무하며 다양한 방법으로 감사 나눔 활동을 했다. 전부 잊을 수 없는 추억이지만, 그 중 책으로 쓰고 싶을 만큼 유독 마음에 남는 이야기가 있어 전하고자 한다.

우리는 감사 나눔을 통해 직원 장기근로의 효과를 얻었다. 잘 알테지만, 잦은 이직은 고용인의 입장에서도 피고용인의 입장에서도 좋은 일은 아니다. 이직에 따른 비용과 에너지의 낭비가 따라오기 때문이다. 이는 사실 고용인에게 더 큰 고민으로 다가오곤 한다. 이직을 막기 위해 급여 인상을 하고 복지 향상을 내걸기도 한다. 그럼에도 쉽게 해결되지 않던 문제를 우리는 의외의 방법에서 풀게 되었다. 그것이 감사 나눔이었다.

감사 나눔은 잘 보이지 않는 것이어서, 그래서 당연한 줄로 알고 잊기 쉬웠던 감사의 대상까지 촘촘하게 감사하고 나누는 일이 진행되었다. 청소부 여사님도 대상에서 제외되지 않았다. 모두 병원을 위해 수고하고 있고, 하나같이 병원에 필요하고 소중한 사람들이며 누구 하나 배제할 수 없을 만큼 전부 고생하고 있지만, 특히 청소부 여사님의 공은 무심히 여기고 지냈음을 알게 되었다. 다른 직원보다 몇 시간은 더 일찍 출근하는 분들이었다. 특히 청결과 위생이 최우선이 되는 병원에서 여사님들의 역할은 정말 중요했다. 그들이 있어서 병원이 깨끗이 유지될 수 있고 쾌적한 환경에서 근무할 수 있는 것이었다. 우리는 그 분들께도 감사를 나누고자 했다. 표현하지 않는 사랑은 사랑이 아니라는 말대로, 감사를 표현한 것이다.

한 부서의 직원이 한 층의 청소 담당 여사님을 맡아 감사이벤트를 실시했다. 첫째로 그동안 수고해주셔서 감사하다는 내용을 카드에 10가지 이상 썼다. 둘째로 자그마한 선물을 준비했고, 셋째로 그들을 즐겁고 신나게 해주기 위해 노래를 불러주기로 했다. 드디어 그 날이 왔다.

"여사님! 감사합니다. 덕분에 저희가 쾌적한 환경에서 근무할 수 있었네요. 이건 감사의 선물입니다. 별 것 아니지만 기쁘게 받아주시면 감사하겠습니다. 정말 감사합니다."

여사님께 감사 카드와 작은 선물을 전달하고 곰 세 마리 동요를 틀어 율동을 했다.

"곰 세 마리가 한 집에 있어. 아빠 곰, 엄마 곰, 애기 곰. 아빠 곰은 뚱뚱해. 너무 귀여워. 으쓱 으쓱 잘한다."

상상해보라. 덩치 큰 어른 몇이 청소하는 여사님을 앞에 모시고 아빠 곰 흉내를 내는 장면을 말이다. 징그러울 것도 같지만, 막상 보면 다 큰 어른의 어설픈 재롱에 웃음이 난다. 여사님은 몹시 큰 감동을 받은 듯 했다. 부서원들이 한데 모여 감사 카드를 읽어 드릴 때 울컥하며 눈물을 흘렸고, 자신을 위해 노래를 불러줄 때는 환한 미소로 답해주었다. 그 순간이 여사님에겐 평생 잊을 수 없는 선물이고 축복이었을 것이다.

눈에 잘 띄지 않는 곳이라 쉽게 알아차리기 힘든 곳에서 일하는 분일수록 감동은 격해진다. '나에게도 감사를 하다니, 내가 감사를 받아 마땅한 사람이었나, 사실 그들은 나를 인정해주고 있었구나, 내가 이곳에 필요한 사람이었구나'라고 생각하게 되는 탓이다. 직장에서 자기 존재감을 깨닫고, 누구에 의해서도 대체될 수 없는 사람이 자신임을 인식하게 된다.

이 일은 감사를 받는 대상뿐 아니라 감사를 하는 주체에게도 마찬가지로 감동을 준다. 감사 나눔을 쓰는 동안 그들의 수고를 알게 된다. 아주 당연하거나 조금은 하찮게 여겼던 그들의 역할이 다시 보이게 되는 것이다.

우리는 감사의 과정을 통해 진실로 감사하게 된다. 덜 필요하거나 더 필요한 존재란 없고, 다만 모두 이곳을 위해 노력하는 사람이라는 것을 알게 된다. 성숙한 사람은 이렇게 만들어진다.

그때 여사님의 소감이 잊혀지지 않는다.

"평생 다보스병원에서 근무하겠어요."

그 여사님은 약속을 지켰다. 지금부터 5년은 더 된 이야기지만, 여전히 다보스병원에서 근무 중이시다. 다보스병원과 함께한 그녀의 근무기간은 10년이 넘는다.

5. 불평불만이여, 이제는 안녕

월급 호봉제에 대해 불만을 품고 있던 직원이 있었다. 편의상 A라고 부르겠다. 알겠지만 호봉제는 연차에 따라, 혹은 근속 연수에 비례해 월급이 따라서 오르는 구조다. 성과에 따라 협의해 지급하는 연봉제와 다르다.

A직원은 다른 직원에 비해 일 잘하기로 소문난 사람이었다. 거기에 성실하기까지 해서, 어쩌면 호봉제에 대한 불만은 당연한 불평이었을지도 모른다. 본인이 받는 대가가 불충분하다고 생각했을 테니 말이다. 직장에 불만이 있으니 업무에 대해서도, 사장에 대해서도 고까운 눈으로 보지 않았다. 이곳은 불공평한 곳이라는 생각이 팽배해갔다.

부서 감사 나눔 시간 중에 사장에게 감사를 쓰는 시간이 있었다.

각자 쓰고 그 내용을 나누기로 해서, 돌아가며 사장에 대한 감사를 읽었다. A직원은 사장에게 하고 싶은 감사가 없었다. 불만이 가득한데 감사가 쉽게 나올 리 없었다. 그에 비해 오랜 기간 근무했던 다른 직원이나 팀장은 사장을 긍정적으로 보고 있었다. 물론 감사 나눔의 시간이라 '긍정적으로' 바라본 것이기도 하겠지만, 그들에겐 진심으로 감사할 것이나 칭찬할 것이 많아 보였다.

"사장님, 감사합니다."

불만을 갖고 있던 본인 빼고 모두가 사장을 그런 눈으로 바라보고 있는 듯했다. 듣다 보니 맞는 말도 제법 많았다. 사장에 대해 자신이 모르던 부분이 있었고, 다시 생각해보니 자신에게 욕심이 있었다는 것을 알게 되었다. 불평불만이 쌓여 직장과 사장을 객관적으로 보지 못하고 있는 자신을 보았다. 그날로 A직원의 불만은 사그러들게 되었다. 불만의 시작은 단지 인식의 차이 정도였음을 '감사 나눔'을 통해 알게 되었기 때문이다. 그래서 직장을 긍정적 방향으로 보게 되었다.

어느 회사나 다 마음에 들고 관계가 다 좋을 순 없다. 보통은 견딜만한 불평이나 불만을 안고 직장을 다니는 것뿐이다. 그렇다고 직장에 대한 불만을 혼자 끙끙 앓고 참으라는 말은 아니다. 다만 문제에 대한 인식의 차이가 있을 수 있으니, 이를 알고 가자는 것이다. 직장의 좋은 환경이나 여건을 감사거리로 보면 자신이 갖고 있던 불만이 풀리는 경우가 많은 것도 그 때문이다. 특히 동료

와 같은 주제로 감사 나눔을 해보면 편향적인 자신을 보는 기회
도 될 수 있다.

6. 직장에서 다양하게 찾을 수 있는 감사

1) 대외 협력관계가 강화되다

어느 회사나 협력사가 있기 마련이다. 소위 말하는 갑과 을의 관
계이거나, 반대로 을과 갑의 관계를 맺고 있는 사이이다. 내가 근
무했던 다보스병원 또한 마찬가지였다. 혼자 사는 세상은 없다고,
여기서도 협력업체의 도움이 필요한 경우가 존재했다.

회계과에서는 회계업무 처리를 위해 외부 회계사무실과 협력하
여 일한다. 굳이 따진다면 다보스병원이 갑, 회계사무실이 을인 경
우이다. 병원이 의뢰하고, 회계사무실은 의뢰를 받아 일하는 곳이
니 말이다. 이와 같은 보통의 입장이라면 갑은 돈을 주고 을은 받
는 것이라는 관념을 떠올릴 것이다. 그러나 우리는 달랐다. 의례
적 관계를 던져버리고, 협력 업체에 해당하는 회계사무실에 감사
나눔을 하기로 했다. 갑과 을은 갑의 편의상 만든 개념일 뿐이지
사실은 협력하여 일하는 하나의 공동체에 해당하며, 결국 그들이
있어서 다보스병원 회계과의 운영이 원활해질 수 있기 때문이다.

이때의 감사 나눔 방법은 그동안 해왔던 것과 동일했다. 회계 일
을 하면서 감사했던 내용 10가지를 적어 시트지에 출력한 후 액

자에 넣었고 선물도 준비했다. 선물이라야 특별한 건 없었다. 서로 부담 없도록 소소한 간식거리를 준비했다. 며칠 뒤, 회계사무실 리더를 초대했다. 우리는 그 분을 자리에 앉혀놓고 감사 나눔을 했다. 감사가 적힌 액자를 선물과 함께 전달해주었다. 작지만 우리에겐 큰 마음의 표현이었다. 회계사무실 리더였던 C는 대접의 대상이라고 여긴 병원으로부터 도리어 감사를 받았다는 것에 크게 감동했다.

"저희가 감사해야 하는데, 도리어 저희가 받고 가네요. 정말 감사합니다."

그 뒤로 달라진 것은 업무처리의 속도와 질이었다. 협조가 활성화되었다고 하는 게 좋겠다. 회계사무실은 보다 적극적으로 병원 일을 도왔다. 병원에 이익이 되는 일이라면 발 벗고 나서서 알려주었고, 무엇보다 병원 회계과 직원과 회계사무실 직원 간에 친밀감이 형성되었다. 서로를 인정하고 이해했다.

회사 대 회사는 이윤 추구라는 동반적 성장관계가 주목적이지만, 목적 달성을 위해 일하는 건 사람 자체이다. 때문에 갈등도 사람에게서 시작되고, 일의 동력도 사람에게서 받는다. 그리하여 일에도 관계가 중요한 것이 된다. 관계가 일을 싫어지게 할 수 있고 그르칠 수도 있다. 그리하여 목적 달성은 저 멀리 가게 만들 수도 있다. 하지만 감사 나눔을 통해 서로를 존중하고 인정한다면 상호 이해관계가 원만해진 가운데 업무 또한 즐거울 수 있다. 그것은 협력업체라고 다르지 않다.

2) 동료끼리 감사, "너는 나의 비타민"

감사 나눔 시간의 특장점 있다면 그것은 일상의 감사를 나누기 위해 도리 없이 터놓게 되는 개인사나 생활의 모습일 것이다.

직장에서 만난 사이라면 본인이 먼저 말하지 않는 이상 동료의 개인 사정에 대해 알기란 좀처럼 쉽지 않다. 간섭 같기도 하여 묻지도 답하지도 않는 걸 룰로 여기기도 한다. 때문에 서로에 대해 몰라도 너무 모르게 된다. 친밀감이란 없이 무미건조하고 딱딱한 직장 내 관계만 있을 뿐이다.

그런 면에서 감사 나눔이 동료끼리 알아가는 방법으로는 제격이라고 할 수 있다. 무엇보다 감사 나눔 시간을 통한 대화로 친밀감이 형성될 수 있다.

"지난주부터 허리통증이 급격히 악화되어 일상생활마저 힘들었는데, 이번 주 들어 조금 나아진 것 같습니다. 감사합니다"

"김 대리 허리가 많이 안 좋았군요. 평소 싱글벙글하는 김 대리가 가끔 미간을 찌푸리는 걸 보고 무슨 일이 있나 했는데. 허리가 나아질 때까지 내가 김 대리가 맡고 있던 활동성 있는 업무를 대신 보도록 할게요. 건강 유의해요."

고충을 말하고 양해를 구하고 싶어도 보통 그러지 않고, 어쩌면 묵묵히 미련하게 버티는 게 한국의 사회생활 문화이다. 자기가 맡은 일에 최선의 책임을 다하겠다는 책임감과 불굴의 의지 때문이기도 하겠지만, 고충을 말하는 즉시 공연히 폐가 될 것으로 여기기 때문이다. 그러나 감사 나눔을 하면 이런 불문율은 무너진다. 근황을 감사한 것뿐인데, 부하 직원이 앓고 있던 개인적 고충을 상사가 알게 된다. 그리고 이를 배려해준다. 그러면 공동체 안에서 주고받는 영향이 생기다 보니 서로를 의식하며 지낼 수밖에 없는 것이다.

  이런 배려도 있을 수 있다. 낙심해 있거나 컨디션이 좋지 않아 침울해 있는 직원에게 칭찬과 감사 5가지를 써서 읽어준다. 평소 느낀 감사를 글로 써서 읽어주며, 그 사람을 인정해주고 응원해주는 것이다. 낙심하고 침울해질 땐 평소에 잘하고 있던 긍정적 부분도 두려움과 수치심으로 숨어버리기 쉽다. 이럴 때 나누는 동료의 감사와 칭찬은 본인을 재발견하게 하여 활력을 돋게 한다. 나를 고마운 사람으로 여기고 있던 동료에게 무한한 감사를 느끼며, 자기가 느낀 이 감정을 다시 그들과 나누고자 할 것이다. 가라앉아 있던 기분이 나아지고, 곧 에너지를 충전하여 힘을 낼 것이다.

3) 사실 괜찮은 직장이었다.

부서원끼리 모여 직장에 대한 감사를 써보는 것도 좋다. 한 번에 많이 쓰기보다 5회에 걸쳐 5개씩 써오면 자신의 일터에 대해 자세히 보는 관찰력이 생기며, 이로써 관심까지 더 갖게 된다. 직원들은 직장의 감사 나눔을 통해 자신의 직장이 건강하고 괜찮은 곳이라는 걸 인식하게 된다. 직장의 가치와 보람과 소중함을 깨닫게 되어, 그때부터 생생지락(生生至樂)의 원리가 작동한다. 각 부서별로 쓴 직장의 감사를 우드락에 붙여 전시하면 회사 이미지와 평가까지 상승하는 효과가 있다.

7. "감사할 수 있어서 감사합니다"

다음은 감사 나눔 교육을 받은, 중환자실의 한 수간호사가 쓴 '하루 감사'이다. 그녀도 처음부터 일상에 감사했던 건 아니었다. 교육을 통해 감사 나눔을 배웠고, 그것을 통해 삶의 태도가 달라질 수 있음을 깨달아 결국 긍정적으로 변화한 경우이다. 이제는 오히려 내가 그녀에게 배운다. 삶의 치열함 속에서도 우리는 감사할 수 있음을 말이다.

수요일, 오늘은 어떤 감사로 하루를 채울지 아침부터 고민한다. 이른 새벽, 시간에 맞춰 오는 버스가 감사하다. 늦게 오기라도 하면 택시를 타야 하고 부서원 눈치도 봐야 하는데 말이다. 버스에 오르며 "안녕하세요" 하고 인사했을 때 반갑게 응해주는 기사님께도 감사다. 무사히 도착해서 입구에 계신 청소반장님께 반갑게 인사한다. 온밤을 하얗게 지켜낸 후 병원 구석구석을 제일 먼저 청소해주시는 분이다. 그들 역시 나를 반갑게 맞아주어 감사하다. 정말 감사하다.

4층 중환자실 입구, 오늘도 적출물 박스 냄새가 나를 반긴다. 또 누군가 밤새 피똥을 쏟았나보다. 냄새가 진하다. 밤새 무사하셨기를 바라면서 확인한 그 환자의 차트를 보니 다행히 큰일은 없었다. 무사하심에 감사하다.

부서원들이 분주하다. 가래를 뽑고, 청소를 하고, 약을 챙기고, 인수인계 준비를 하고, 물품 장비 약재를 세느라 정신없다. 우리가 바쁜 건 아랑곳않고 여기저기에서 아우성이 들린다.

"화장실 간다고!"

"당신 때문에 온밤을 새웠어. 고소할 거야!"

"어이. 아가씨, 아줌마, ○○야!"

오늘도 쉽지 않을 것 같다. 그래도 '감사'다.

밤을 꼬박 새고 중환자실을 지켜준 동료들 모두 눈이 '뿅'하다. 빨리 보내줘야겠다. 그리고 기도해야겠다. 밤 근무자들이 퇴근해서 편안한 잠을 잘 수 있게 해달라고.

다행이다. 비가 내린다. 그들이 잘 잘 수 있을 것 같다. 감사다.

의식 없이 중환자실에 온 분이 있었다. 어느 정도 회복이 되어 오늘 퇴원한다기에 인사드리니, "다시는 중환자실에 안 올 거예요" 한다. 감사다. 다시 못 볼 인연이라도 좋으니 건강하셨으면 좋겠다.

식사 시간이다. 오늘은 배식 차량으로 2층 키 높이의 탑차가

왔다. 열다섯 환자 중 일곱 명을 보조하는 날인데, 여기저기서 다툼이다.

"안 먹는다고!"

"조금만 더 드세요, 선생님."

"할머니, 한 번만, 한 번만 더요. 이게 마지막 숟가락이에요."

계속 마지막이라며 한 입이라도 더 먹이려 노력한다. 갑자기 와장창 하는 소리가 들린다. 몸이 자유스럽지 못한 한 분에게 밥상을 차려놓은 상태로 조금 기다리라고 하는 사이, 본인이 직접 먹어보겠다고 힘을 쓰다 상을 엎어버렸다.

'아뿔싸 전동침대!'

다행히 국물이 전동침대 안으로 흘러들어가진 않았다. 감사다. 하마터면 침대 수리비가 엄청 많이 나올 뻔했다. 국물 치우는 것쯤이야 아무것도 아니다. 치우면서도 행복하다. 감사다.

한쪽 구석에서 홀로 배식받은 음식을 드시는 분이 보인다. 스스로 숟가락질을 할 수 있는 그 분의 상태가 얼마나 감사한가. 행복한 일이라는 생각에 입가에 웃음이 절로 난다. 감사다.

오늘은 환자들의 식사를 다 도와드리고서야 우리도 밥을 먹을 수 있겠다. 참으로 행복하고 감사한 하루다. 다 밥 먹고 살자고 하는 일이니까.

중환자실 입원 두 달째, 숱한 고비를 넘기고 드디어 일반병실로 가는 분이 있다. 그동안 감사했다며 편지를 써주셨다. 말도 못 하는 그 분이 입을 씰룩씰룩, 잡은 손을 놓지 않는다. 그 분의 마음이 전해지니, 괜스레 찡해졌다. 중환자실에 계시면서 가래를 뽑는다, 자세를 변경한다 하면서 늘 아프게만 한 것 같아 내 마음이 아프다. '어쨌든 호전되어 가시는 거니 잘 됐어' 하며 스스로를 위로하고 퇴근했다.

다음날 아침, 출근과 동시에 동료가 비보를 전했다.

"그 분, 오늘 새벽에 심장마비로 돌아가셨어요. 지금 장례식장에 계세요."

이게 무슨 날벼락일까. 그 분 손의 온기가 아직 내 가슴에 이렇게 남아 있는데…. 내가 감사편지를 읽는 동안 허공을 응시하며 무언가 생각하던 그 눈빛을 이대로 보낼 수는 없었다. 한동안 그 분 생각에 가슴이 너무 아팠다. 다행히 돌아가시기 전날에 마지막으로 내 마음을 잘 전달할 수 있었음에 위로받았고 또 감사했다.

장례를 마치고 그 분의 아내와 딸이 나를 찾아왔다.

"퇴원하면 쓰려고 사두었던 기저귀와 물품인데 이제 필요 없어서요."

두 카트 가득 기저귀 패드와 장갑 등 중환자실에서 아주 요긴하게 사용할 만한 물품을 갖고 오셨다. 그것을 마저 쓰는 내내 왠지 그 분이 옆에 계신 것 같았다. 잊을 수 없는 분이다.

오랜 기간을 병상에서 고생한 분이 또 있었다. 인공호흡기조차 그 분에겐 버거웠다.

'차라리 저거라도 안 달았더라면 편히 가셨을 텐데. 떼지도 못하고….'

피부는 짓물러 있었고, 뼈만 앙상히 남아 있을 정도로 몸은 말라 있었다. 나는 그 분에게 감사편지를 썼다.

"모든 미련은 잊고 편안히 가세요. 그동안 너무 고생하셨고, 모든 간호 처치가 힘드셨을 텐데 잘 견뎌주셔서 감사했습니다."

다음날 가보니 그 분의 자리가 비어 있었다. 주변을 통해 편안히 가셨다는 말을 들었다. 감사다. 그런 한 편, 감사편지 쓰기가 두려워지기도 했다. 호흡기에 의존한 삶이 외려 그 분께 고통을 주는 것 같아, 그 분을 위해 했던 기도였지만, 정말 바로 그렇게 가실까봐….

우리 일생에 환자로서든 보호자로서든, 중환자실의 경험을 할수도 있고 안 할 수도 있다. 그 한 번의 경험이 평생에 지워지지 않는 지옥이 되기도 하고, 잊을 수 없는 감사의 힘이 될 수도 있다는 것을 안다. 내가 아파서 병원에 입원했을 때, 밤새 병상을 오가며 열을 재고 괜찮냐고 물어봐주던 이름 모를 간호사의 따스한 기억, 친정아버지와 마지막으로 보낸 중환자실에서의 한 달의 기억 때문에 중환자실 간호사를 계속할 수 없던 몹쓸 기억도 다 고스란히 남아 20년이 지난 지금도 선명하다.

오늘도 끊임없이 병상이 채워지고 비워진다. 우리를 찾아온 모두에게 중환자실에서의 기억이 평생의 따뜻함과 감사한 기억으로 남겨지길 간절히 바라며, 오늘도 감사를 쓴다.

"오늘이 나의 마지막이 될지라도 감사합니다. 수많은 마지막 배웅을 하며, 오늘도 스스로 움직이고, 호흡하며, 일하고, 입으로 먹고, 잠을 잘 자고, 내 마음대로 화장실 가고, 고통 없이 살아 있고, 아픈 마음을 어루만져줄 수 있고, 따뜻한 말을 해줄 수 있고, 기저귀를 갈아줄 수 있고, 발을 닦아줄 수 있고, 밥을 먹여드릴 수 있어서, 그 분들의 손과 발 눈과 귀가 되어줄 수 있어서 감사합니다. 내겐 삼천 배의 절로도 모자랄 만큼의 감사함이 있습니다. 오늘, 이렇게, 여기 있음에 감사합니다."

감사와 기쁨은 어떻게 보면 하나의 마음이다. 소리 내어 감사하다 보면 마음에 여유가 생길 뿐 아니라 어느새 평안해지는 것을 느낀다. 이어서 뒤따라올 축복에 대한 기대감이 생기고, 드디어 숨어 있는 축복에 대한 희망이 보이기 시작한다. 이쯤 되면 나도 알지 못하는 사이에 내 마음 가득 기쁨이 차오른다.

6장

인생이 행복해지는
감사 나눔법

당신도 감사의 고수가 될 수 있다

1. 감사 7진법을 훈련하라

감사의 고수가 되는 방법이 있다. '감사 7진법'이라는 것인데, 감사를 단계적으로 훈련하는 방법을 담은 '감사 진법'의 저자인 강충원 선생이 창시한 것이다. 이 장은 강 선생의 허락을 받아, 그 책을 인용하여 정리하고 내 경험과 의견을 추가한 것이다. 인용을 허락해주신 강충원 님께 감사하다.

　감사를 단계적으로 훈련하는 '감사 진법'에는 1진법부터 7진법까지가 있다. 그래서 '감사 7진법'이라고도 한다.

감사 1진법 : 무조건 감사한다.

감사 2진법 : 소리 내어 감사한다.

감사 3진법 : 꼬집어서 감사한다.

감사 4진법 : 마음 가득히 감사한다.

감사 5진법 : 즉시 감사한다.

감사 6진법 : 모든 면에 감사한다.

감사 7진법 : 사람은 '감감축'한다.

이 중에서 기본이 되는 감사 1진법은 예상치 못한 일이 생길 때에도 '무조건 감사'하는 것이다. 즉, 범사에 감사하라는 것이다.

1진법이 감사 진법의 시작이지만, 사실 끝이라고 해도 과언이 아니다. 나머지 2진법부터 7진법이 감사의 수준을 단계적으로 높여가는 내용이긴 하지만, 다르게 보면 1진법대로 무조건 감사하기 위한 부수적 요령 또는 구체적 방법이라고 할 수 있다.

감사는 생각만 한다고 해서 행동으로 곧장 나타나지는 않는다. 예상하지 못한 일을 겪다 보면 우리 감정은 상황에 휘둘려 불평하거나 분노하기 쉽다. 불평과 분노는 잘못 뀀 첫 단추처럼 이후의 일을 그르치기 십상이다. 감사 1진법은 이런 상황을 만날 때마다 "무조건 감사한다"라는 원칙이다. 이것은 사실 감사 진법의 처음이자 마지막이지만, 이 원칙을 실제로 실천하기 위해서는 또 다른 장치들이 필요하다.

우리가 살면서 만나는 일들은 의외로 쉽게 감사할 수 있는 것부터 도무지 감사할 수 없는 힘들고 복잡한 상황까지 파노라마처럼 다양하다. 이렇게 다양한 상황에서 항상 '감사하는 행동'으로 반응하려면, 우리는 좀 더 구체적이고 적절한 대응 방식을 간구해야 한다. 위기의 다양한 수준에 따라 대응 수위 또한 달라져야 하기 때문이다. 따라서 상황의 강도에 따라 2진법부터 7진법까지 그 대응 방식의 수위를 높이도록 감사 진법이 개발된 것이다.

높은 단계의 진법으로 올라갈수록 감사하는 수준도 그만큼 높아진다. 우리는 감사 진법을 통해 어떤 상황을 만나더라도 그 상황에 적절한 감사 진법을 사용함으로써 "위기 앞에서 무조건 감사한다"라는 감사 1진법을 완전하게 수행할 수 있다. 즉, 감사의 고수가 될 수 있는 것이다.

2. 감사가 검이면, 감사 7진법은 검법과 같다

칼이라고 다 같은 칼은 아니다. 회를 뜰 때 쓰는 칼, 연필을 깎을 때 쓰는 칼, 채소를 썰 때 쓰는 칼은 모두 다르다. 무사가 쓰는 검은 양날이 시퍼렇게 서 있어서 다른 칼과 확연한 차이가 있다. 그러므로 칼을 사용할 때는 용도에 맞춰 선택해야 한다.

인생은 어찌 보면 전쟁터 같다. 그 속에서 살아가는 우리는 모두 전사(戰士)인 셈이다. 인생 전장(戰場)에서 무엇보다 힘써 지켜야 할 것은 바로 우리의 마음이다. 그렇다면 마음을 지키기 위해 필요한 검은 어떤 것일까? 그 검은 우선 어떤 상황이나 형편에서도 내 마음을 겨누는 적의 공격을 차단할 수 있을 만큼 단단하고 강해야 한다. 적의 어떤 공격에도 부러져서는 안 되기 때문이다. 그래서 마음을 지키는 검은 60년을 걸려 만든다는 '경인사인검'(庚寅四寅劍)처럼 특별한 보검이어야 한다. 감사는 이 정도로 귀한 보검이다. 감사 진법은 마음을 공격하는 불만과 불평이라는 적을 감사라는 보검으로 섬멸하기 위해 사용하는 검법이다.

검사가 아무리 진귀한 검을 가졌더라도 검법을 익히고 훈련하지 않으면 검의 위력을 다 발휘하지 못하고 싸움에 패한다. 그와 마찬가지로, 우리가 감사라는 좋은 검을 가졌더라도 삶의 전장에서 감사 진법을 제대로 사용하지 않으면 감사라는 보검도 빛을 잃을 수밖에 없다. 따라서 감사 진법을 연마하는 훈련은 마치 아기가 점점 자라서 홀로 밥을 먹게 되는 과정과 흡사하다.

아기가 엄마 젖을 떼고 처음 밥을 먹기 시작할 때, 사실 따로 할 일이 없다. 그저 입만 벌리고 있으면 엄마가 밥과 반찬을 떠먹여주기 때문이다. 그러다 시간이 지나면 서툴게나마 아이 혼자 숟가락을 잡고 먹기 시작하고, 결국 숟가락과 젓가락을 사용하여 반찬까지 능숙하게 먹는 수준에 이른다. 아이가 젓가락 사용에 능숙해지듯, 감사 진법 역시 우리가 감사라는 칼을 쓰고자 할 때 칼의 가치를 100퍼센트 활용하게 해줌으로써, 아무리 힘든 상황에서도 감사의 칼을 빼 들어 마음을 지킬 수 있게 해준다.

　이 세상에 숟가락과 젓가락 쓰기가 어렵다고 손으로 먹는 사람은 없다. 젓가락질을 지속적으로 반복하면 어느 순간 잘 하게 되는 것처럼, 감사 진법도 마찬가지다. 실망하여 도중에 포기만 하지 않는다면 누구나 감사 진법의 고수가 될 수 있다. 그러므로 감사 진법의 고수가 되는 길에 왕도는 따로 없다. 감사 진법을 수련하는 문하생이 된다는 각오를 품고서 끊임없이 수련 과정을 밟는 것뿐이다. 마지막 7진법까지 마스터하는 날, 당신은 비로소 고수가 되어 있을 것이다. 감사 진법의 고수는 무의식적으로 언제 어디서나 감사라는 명검을 비호같이 휘두를 수 있는 경지에 오른 사람이다. 감사라는 보검은 계속 활용해야 녹슬지 않고 승리할 수 있는 무기이기도 하다.

3. 감사 진법 수련의 세 가지 수칙

감사 진법을 수련할 때, 각오해야 할 세 가지 수칙이 있다.

　첫째. 어떻게든 감사 진법을 내 것으로 만들고야 말겠다는 확고한 의지를 가질 것.

　둘째. 이것저것 따지거나 재려 하기 전에, 1진법부터 7진법까지의 원칙을 구구단 외우듯 무조건 달달 외울 것.

　셋째. 어떤 상황이든 무식할 정도로 감사 진법에 매달릴 것.

감사 나눔의 기적

이상 세 수칙은 반드시 지켜야 한다. 누가 언제 어디서 몇 진법에 대해 묻든 곧바로 대답할 수 있어야 한다. 각 진법에 담긴 깊은 의미는 외운 다음에 되새겨도 늦지 않다.

특히 1진법 "(예상치 못한 일이 생길 때라도) 무조건 감사한다"를 깊이 새겨둘 필요가 있다. 무조건 감사는 위기 상황이 닥쳤을 때 자동으로, 곧바로 꺼내 사용할 수 있어야 하기 때문이다. 그러지 않는다면 예상치 못한 상황에서 감사 대신 옛 습관이 튀어나와 당신을 사로잡을 것이다.

화부터 버럭 내거나 어쩔 줄 몰라 허둥대다 절망하게 되기 싫다면 1진법부터 확실히 붙잡아야 한다. 바탕에 1진법을 탄탄히 쌓은 다음, 2진법부터 7진법까지 여러 고수들의 기법을 익히는 과정을 차차 거쳐야 한다. 그래야만 어떤 상황에서든 내 몸이 알아서 적절하게 반응한다. 이렇게 되기까지 우선 자신이 의지적으로 감사 진법을 꾸준히 숙달시켜야 하는 것이다. 그러다 보면 우리 마음이 어느새 어떤 상황이나 사람 앞에서도 감사할 수 있을 만큼 강해진다.

무슨 일이든 첫술에 배부를 수는 없다. 반복하다 보면 지루해져 처음의 열정을 잃어버릴 수도 있다. 그럴 때마다 매번의 도전에 의미를 부여하며 훈련의 고삐를 늦추지 않으면 감사의 수준은 차츰 높아지게 된다. 높은 단계의 진법도 오랜 시간 끊임없이 시도하면 누구나 고수의 경지에 이를 수 있다.

다만 기억할 것은, 감사 진법을 사용하더라도 얼마든지 실수할 수 있다는 점이다. 실수 없이 완성에 이르는 길은 없다. 그러므로 감사를 잊는 실수를 할 때마다 재빨리 다시 감사하기 시작하는 것이 무엇보다 중요하다.

나도 감사 진법을 수련하는 동안 얼마나 많이 넘어지고 일어서기를 반복했는지 모른다. 감사해야 하는데 불평하고 불만을 품어 넘어지는 것이다. 하지만 그럴 때마다 다시 감사하였다. 그러다 보니 어느새 사소한 일에도 감사가 절로 나오고, 심각하거나 복잡한 사건이 닥쳐도 의연하게 감사 진법으로 해쳐나갈 수 있게 되었다. 그만큼 감사 진법은 실수를 통해 완성돼간다.

4. 이런 상황에도 감사해야 하는가?

한편, 감사 진법을 써서 불평하려는 위기를 넘기려 하는데 문제가 해결되기는커녕 오히려 예상하지 못했던 더 큰 위기가 닥칠 수도 있다. 예컨대 상황이 매우 심각하여 감사한다는 말이 어울리지 않는 때이다. 그럴 때 본능적으로 올라오는 감정은 '포기하고 싶은 좌절이나 의심'이다. '이런 상황에서도 감사해야 하는가?' 하는 생각이 드는 것이다.

이런 순간에도 필요한 것은 '한 단계 더 높은 감사'이다. 더 큰 위기에는 감사 진법의 단계를 올려 더 수준 높은 감사로 맞서면 되는 것이다. 감사의 수준을 높인 만큼 그 감사 뒤에 따라오는 축복도 더 클 것이라는 기대를 가지고서 말이다.

물론 감사 진법을 받아들이는 데는 개인적인 차이가 있다. 나는 다른 사람들에 비해 선천적으로 상처를 덜 받는 기질 덕분에 그리 어렵지는 않았다. 하지만 상처를 쉽게 받고 오래도록 그 상처를 떨치지 못하는 사람도 있다. 그들은 처음부터 감사 진법을 받아들이기 쉽지 않을 것이다. 하지만 이런 사람일수록 감사 진법이 더욱 필요하다는 사실을 명심하라. 잘 감사하지 못하는 자기의 성격을 탓하기보다, 감사 진법을 익혀서 호신술처럼 사용하다 보면 자신도 모르는 사이에 놀라운 결과를 체험하게 될 것이다.

또 하나, 감사 진법을 그저 나만의 비법으로 숨겨선 안 된다. 감사 진법은 널리 전하는 만큼 파급효과가 커지기 때문이고, 그 최대 수혜자는 자기 자신이 된다. 따라서 인생에서 가장 중요한 일은 감사 진법을 배우고 익히는 것이라고 해도 과언이 아니다.

명문대에 진학하거나 유명 회사에 입사하기 위해 얼마나 치열한 경쟁을 치르는가? 만약 감사 진법의 고수가 되기 위해 그만큼 노력하고 경쟁까지 한다면, 이 사회는 우리가 상상하는 이상의 좋은 모습으로 변화될 것이다.

일단 감사 진법의 고수가 되면 우리가 꿈꾸는 대로 인생을 살 수 있는 기회가 더 많아진다. 감사 진법은 모든 사람, 모든 공동체에 필요하다. 감사는 가정과 학교, 직장과 사업장, 종교 공동체를 가리지 않는다.

나는 상담 전문가이지만, 감사 진법을 고민이나 갈등을 푸는 데 사용하기도 한다. 특히 우울증 치료나 관계 개선에 많은 도움이 된다. 감사 진법은 마치 모든 상담의 문을 열 수 있는 마스터키와 같다고 해도 과언이 아니다. 어떤 말이나 행동으로 상담자를 위로하거나 해답을 주려고 머리를 굴릴 필요 없이, 감사 진법만 이해시키면 모든 상황이 종료된다. 내게 상담을 받은 사람 모두가 그들이 바라는 인생을 살고 있다고 자신할 수는 없지만, 적어도 인생을 더 행복하게 살아간다는 사실만큼은 확실하다.

3년 전까지 약 5년 동안 EBS 〈우리 부부가 달라졌어요〉의 패널로 참여하면서 부부 상담을 마치고 나면 무조건 감사문을 써서 나누라고 했다. 그 당시 많은 부부에게 감사 수첩을 주고 부부끼리 대화하는 법을 알려주었다. 신기하게도 부부들이 행복해지고 서로 좋아지고 있다고 연락을 해주었다.

자, 이제 이렇게 외쳐 보자.

"무소꼬마즉모사!"

이것은 일곱 가지 감사 진법 내용을 쉽게 외우고 일컫는 비법 문구다. 당신의 일생에서 누려야 할 가장 값진 행복을 가져다줄 비법이 이 문구에 담겨있다. 무, 무조건 감사한다. 소, 소리 내어 감사한다. 꼬, 꼬집어 감사한다. 마, 마음 가득 감사한다. 즉, 즉시 감사한다. 모, 모든 면에 감사한다. 사, 사람은 '감감축'한다.

이제 이 감사 7진법을 단계별로 자세히 알아보도록 하자.

감사 나눔의 기적

5. 감사 7진법 단계별 훈련 지침

감사 1진법 : 무조건 감사하라, 예상하지 못한 일에도

사람들은 누구나 일이 자신의 예상대로 흘러가기를 바란다. 경영학 이론을 공부하면 이런 말을 보게 된다. "성공하는 사람은 다음날 할 일을 미리 계획해놓고 잠자리에 든다."

실제로 우리는 내일 해야 할 일을 미리 계획함으로써 아침에 눈 뜰 때 조금이라도 상쾌한 기분으로 하루를 맞고 싶어한다. 이는 자기를 보호하기 위한 하나의 방법인 셈이다. 하지만 일상은 언제나 우리의 생각과 계획대로 움직이지 않는다. 그렇기 때문에 우리는 종종 당황하고, 마음이 불편해지고, 심할 경우 몸과 마음에 깊은 상처까지 받는다. 우리는 이렇게 매일 예상치 못한 상황에 노출되어 마음에 상처를 입으며 살아가기 쉽다.

언짢은 뉴스가 들리거나, 있어야 할 자리에 물건이 없거나, 아침에 휴대폰을 집에 두고 출근하거나, 이런 모든 사소한 일에 우리 마음은 쉽게 흔들린다. 너무 자주, 그리고 너무 쉽게 예기치 못한 상황의 노예가 되어버리는 것이다. 그러니 마음의 평정을 유지한 채로 오후 세 시를 넘겼다면 훌륭한 하루를 보낸 셈이다. 그 시간을 더 늘이기 위해선 우리의 변화지수(index of alteration), 곧 '변화를 수용하는 유연성'을 높여야 한다.

예상치 못한 상황이 발생하더라도 그 변화에 유연하게 적응함으로써 마음의 평정을 잃지 않을 때 우리는 비로소 훌륭한 하루를 보낼 수 있다. 하지만 일단 한번 마음의 평정을 잃으면 돌이키기 어렵다. 이런 때에는 이미 벌어진 상황들이 내 마음을 향해 칼을 겨누지 못하도록 차단하는 것이 급선무다. 이와 같이 일상에서 수시로 나 자신을 지킬 무기와 그 무기를 사용할 비법, 그것이 바로 감사 1진법이다.

예상치 못한 일이 발생하면 당황하거나 의기소침해지기 쉽고, 그 감정은 후회, 비관, 저주, 절망, 분노로 확대된다. 이때야말로 감사를 꺼내 들어야 한다. 감사의 검으로 나를 지키지 않으면 좌절과 불평이 더욱 깊어져 한층 위험한 상황 속으로 끌려가기 때문이다. 이럴 때 의지를 다해 무조건 감사하면 마음의 평정을 잃지 않을 수 있다. 그러면 마음에 여유가 찾아오고, 여유는 상황을 극복할 수 있는 창조적 지혜를 만들어낸다. 그 지혜는 좌절의 늪에서 결국 우리를 건져낸다. 그뿐 아니라, 때로는 더 좋은 기회를 제공하기도 한다.

하지만 이런 사실을 알고 있는 사람조차 감사를 훈련하지 않으면 금세 마음의 평정을 잃고 순간적인 기분에 따라 행동하기 쉽다. 그러고 나서는 뒤늦게 '아, 내가 왜 그때 그런 행동을, 그런 말을 했을까? 그 생각을 왜 못 했지?' 하며 후회하는 것이다. 그러므로 감사 1진법을 충분히 몸으로 익히는 것이 무엇보다 중요하다.

먼저 "나는 1진법대로 살겠다"라고 작정하라. 그런 다음 1진법을 마음으로 외우고 소리 내어 또 외우라. 이것은 마치 비상사태를 알려주는 경계경보 프로그램을 내 안에 장착하는 것과 같다. 1 진법에 익숙해지면 마음 한쪽이 상처 입을 만한 상황이 발생할 때 인공지능 로봇처럼 즉시 경계경보를 울려 준다.

"삐뽀 삐뽀! 긴급 상황 발생, 무조건 감사하세요!"

우리는 로봇의 경보를 듣고서 반사적으로 마음을 돌릴 수 있다. 이 로봇에 대해 좀 더 자세히 살펴보자.

로봇은 스스로 움직일 수 없기에 로봇을 움직일 프로그램이 필요하다. 한 치의 실수도 없이 명령대로 작동하게 하려면 프로그램이 정확하고 면밀해야 한다. 로봇은 주인의 의지에 따라 움직이는데, 나의 의지는 명확하다. '예상하지 못한 상황에서도 감사하는 것'이다. 내 의지대로 움직이는 프로그램을 로봇에게 장착하면, 나를 당황하게 만드는 예상 밖의 상황이 발생했을 때 로봇은 프로그램대로 외칠 것이다.

"무조건 감사하라. 무조건 감사하라. 예상치 않은 일이 생겼다. 이때는 무조건 감사하라"

이 통신 전문을 받은 내 의지는 응답한다.

"OK! 명령을 수행한다."

나의 의지는 선택만 하면 된다. 그 선택의 결과로 감사가 주어질 것이다. 하지만 우리 안에 이 로봇이 없다면 어떻게 될까? 예상 밖의 상황이 발생했을 때 온갖 부정적인 생각과 감정이 나의 의지를 혼란스럽게 만들어 일을 그르치고, 감사의 마음도 쫓아낼 게 분명하다. 그러므로 주인의 명령에 충직한 로봇을 마음속에 장착하는 작업을 평소에 반드시 해두어야 한다.

결론적으로, 감사 1진법은 유사시에 "무조건 감사하라"는 명령을 외치는 로봇을 내 안에 내장시키는 일이다. 예상치 못한 상황이 생기더라도 이 로봇이 작동하면서 우리의 의지는 애초에 작정했던 대로 무조건 감사하는 감사의 법칙을 따르게 된다. 그러면 보다 쉽고 간단하게 '무조건 감사'를 선택할 수 있다.

감사 2진법 : 소리 내어 감사하라, 내 귀가 반응하도록

감사 2진법은 "소리 내어 감사하라"라는 것이다. 내 마음속 상태가 아무리 부정적이고 비관적이라도, 일단 소리 내어 "감사합니다"라고 외치라는 것이다.

우리 마음속에는 감사를 방해하는 복병이 있다. 그래서 그저 마음속으로만 감사해야겠다고 생각하면, 막상 어려운 상황이 닥쳤을 때 숨어 있던 복병이 나타나서 감사해야겠다는 마음을 순식간에 없애버린다. 그러므로 마음속에 불평, 불만, 분노 등이 침투할수록 입으로는 더욱 감사를 외쳐야 한다.

앞에서도 말했듯이 아무리 굳게 닫힌 큰 문도 열쇠만 있으면 쉽게 열 수 있는 것처럼, 큰 배의 방향을 결정하는 것이 배의 키이다. 마음이 배라면 그 배의 방향을 결정하는 키는 우리가 입술로 고백

하는 말이다. 입으로 소리 내어 감사할 때, 우리 마음은 감사하는 쪽으로 방향을 돌리는 것이다. 그러므로 우리 마음이 감사하기 시작할 때, 우리 인생에는 변화가 일어난다.

그런데 왜 굳이 소리를 내어 감사하라는 것일까? 소리 내어 감사할 경우, 가장 먼저 반응하는 것이 바로 귀이기 때문이다. 귀로 들어온 감사의 말은 마음속으로 침투한 반(反) 감사 세력을 현저하게 약화시킨다. 입으로 소리 내어 감사하는 것이 무엇보다 중요한 까닭이 바로 여기에 있다.

미국의 루스벨트 대통령은 이렇게 말했다.

"하는 일이 잘 풀리지 않아 실망하고 있다면 거울 앞에 서라. 그리고 자신의 얼굴을 보고 반복하여 말하라. '나는 용기 있는 사람이다. 나는 반드시 해낼 것이다'라고."

우습게 들릴지 모르겠지만, 내 믿음을 소리로 선포하다 보면 어느새 믿음이 더 생기고, 그 믿음은 행동으로 바뀌며, 행동은 습관을 만들고, 나아가 자신의 운명까지 바꿀 수 있다. 허약한 소년이었던 루스벨트가 미국의 대통령이 된 것처럼 말이다.

다음은 실제로 내가 다보스병원에서 본 사례다.

다리 수술로 통깁스를 한 할머니를 만나게 되었다. 할머니는 움직일 수가 없어 한 달간 누워 지내야 하는 것을 힘들어하셨다. 주치의에게 들어보니 할머니는 불면증과 우울증까지 앓고 있었다. 상담이 필요해 보여 할머니를 찾아가 몇 가지를 묻고, 하루에 다섯 가지 감사를 쓰는 것을 미션(사명, 숙제)으로 해보시라고 권하며 감사 수첩을 전해드리고 왔다. 며칠 후에 확인하니 할머니의 감사 수첩은 새것이나 다름없었다. 알고 보니 글을 쓸 줄 모르셔서 그런 거였다. 세심히 배려하지 못했던 나의 잘못이었다. 글도 모르니 감사 수첩을 어떻게 쓰겠는가?

할머니는 누워만 있으니 잠도 안 오고, 온갖 잡념으로 복잡해 감사하기가 어렵다고 하셨다. 이때다 싶어 나는 즉시 이렇게 말했다.

"할머니, 누워서라도 매일 '감사 합니다'를 천 번 정도 말로 하시면 기적을 경험하게 될 거예요. 여기 계수기 드리고 갈게요. 한 번 감사를 외칠 때마다 하나씩 누르는 거예요. 아셨죠?"

며칠 뒤 다시 할머니를 방문했더니 이전과 달리 밝은 얼굴로 맞이해주셨다. 내가 물어보기도 전에 "매일 '감사합니다'를 천 번 이상 외쳤고, 어느 날은 삼천 번, 사천 번도 넘도록 했다"고 자랑하셨다. 이런 고백도 하셨다.

"선생님, 사람들이 왜 '감사합니다'를 안 하는지 모르겠어요. 나는 '감사합니다'를 말하기 시작하면서 가슴 속에 아지랑이가 피어오르는 신기한 경험을 했어요"

더욱 놀라게 된 일은 그 할머니 주치의의 이후 소견이었다.

"할머니의 맥박이며 심장 같은 것의 수치가 너무 좋아졌어요. 환자의 마음 상태에 따라 회복 속도나 정도가 달라질 수 있다는 건 들었는데, 실제로 본 사례는 처음이에요. 책에서나 봄직한 이야기였는데, 사실이었네요!"

할머니는 나를 볼 때마다 고맙다고 인사했다. 나는 고마워하는 할머니에게 "할머니, 정 고마우시면 할머니가 하셨던 경험을 다른 환자들과도 나눠주세요"라고 부탁드렸다. 할머니에게 '감사 나눔'을 권한 것이다. 그 후 할머니는 병동 내에서 감사전도사가 되셨다.

그 할머니에겐 두 간병인이 있었다. 할머니의 두 아들이었다. 그 두 아들이 연말에 부산에 사시는 외삼촌을 문병하러 갔다. 외삼촌은 폐암 말기 환자로 힘든 나날을 보내던 중이었다.

큰아들은 외삼촌에게 어머니가 감사를 말해서 몸이 빠르게 회복되었고, 덕분에 예상보다 훨씬 일찍 퇴원하게 되었다는 이야기를 전하며, "삼촌도 '감사합니다'를 말해보시라"라고 권했다. 다음날, 다시 외삼촌을 찾아간 그들은 귀를 의심했다고 한다.

"너희가 말해준 대로 '감사합니다, 감사합니다' 말하다가 나도 모르게 잠이 들었는데, 정말 깊게 잤구나. 이렇게 깊은 잠이 몇 년 만인지 모르겠어."

소리 내서 "감사합니다"라고 말하기만 해도 자신의 마음의 상태와 상관없이 몸의 세포가 긍정적으로 반응하고 작용했기 때문일 것이다.

성경은 믿음이란 들음에서 나온다고 가르친다. 또한 "내 혀는 내 마음이 가는 방향을 결정한다"는 격언도 있다. 감사하라는 명령에 순종하여 "감사합니다"라고 소리 내어 말하면 내 귀가 듣게 되고, 그러면 귀가 들은 대로 마음이 움직여 믿음이 생기고, 결국 그것이 행동으로 나타난다는 뜻이다. 감사가 행동이 되는 순간, 감사할 수 없었던 환경이 서서히 풀리기 시작한다. 결코 해결되지 않을 것 같던 문제들이 얼음 녹듯 풀리게 된다.

어찌 보면 오늘 내가 처한 상황은 과거에 내 입술이 만들어 낸 열매이다. 내가 감사를 말했다면, 나는 오늘 감사할 만한 삶을 누리고 있을 것이다. 반대로 내가 불평과 저주를 말했다면, 오늘 나는 또 그런 삶을 누리고 있을 것이다. 내가 지금 감사의 말을 해야 하는 까닭이다.

"감사합니다! 감사합니다! 감사합니다! 감사합니다! 감사합니다! 감사합니다! 감사합니다!"

나는 매일 아침 기도 대신 "감사합니다"를 말하며 화장실로 간다. 샤워를 하면서도 "감사합니다, 감사합니다"라고 1분 정도 말하다 보면 나도 모르는 사이에 내 마음이 뿌듯함으로 충만해진다. 이와 같이 내 목소리로 표현된 감사야말로 환경을 움직이는 능력이다. 그러니 감사할 수 없는 상황이라는 핑계로 감사하지 못한다면 자신만 손해다. 명백히 말해 객관적으로 누가 봐도 감사할 수 없는 상황이라 할지라도, 어떤 상황에서도 스스로 "감사합니다"라는 말은 할 수 있기 때문이다. 결국 감사의 말이 감사의 환경을 만든다는 사실을 명심하라.

이제부터 일상에서 습관처럼 소리 내어 이렇게 말해보자.

"감사합니다"

그 습관이 결국 우리 앞에 닥친 시련을 움직여 내 인생을 멋지게 바꿔 줄 것이다.

감사 3진법 : 꼬집어 감사하라, 방해 요인까지도

감사 3진법부터 확실히 난이도가 높아진다. 하지만 그만큼 효과도 매우 크다. 감사 3진법은 감사의 방해 요인, 즉 감사하는 마음을 빼앗아가는 조건을 꼬집어 감사하라는 것이다. 이게 가능한 일인가? 내 기분을 상하게 하는 일, 굳이 떠올리고 싶지도 않은 사건이나 환경이나 사람을 하나하나 꼬집어 감사하라고? 감사 3진법은 속에서 강렬한 거부감이 부글부글 끓어오를 정도로 불편하고 불쾌한 명령이다.

사람들에겐 누구나 저마다 감사하기 어려운 상황이 있다. 개인적인 특수성을 떠나 대부분이 '이것만은…' 하고 꺼려 하는 상황인 것이다. 병이 들거나 금전적 어려움을 당하는 경우가 대개 그렇다. 이럴 때 우리는 내 마음을 장악하여 짓누르는 강력한 반(反)감사의 기운을 느낀다. 이런 경우, 무엇보다 우리를 장악하는 힘의 실체를 깨닫지 못한 채 무기력해지기 쉽다. 반 감사의 실체를 자각조차 못하는 것이다. 이것이 위험한 이유는 부지불식간에 그 힘에 순종하는 노예가 되어 불만과 분노를 쉽게 터뜨리기 때문이다. 감사 3진법은 바로 이런 순간, 곧 나도 모르게 현혹되어 더 깊은 절망과 분노 속으로 빠져들 때, 그 늪으로부터 빠져나올 수 있는 비장의 동작이다.

사실 우리가 매사에 적극적으로 감사해야 하는 가장 큰 이유는 외부의 공격에 빼앗긴 감사의 마음을 삶에서 다시 회복하기 위해서이다. 감사를 회복하기 위해서는 내 마음에서 감사를 빼앗아간 원인을 찾아내 해결하는 것이 급선무이다. 그 원인을 찾으면 구체적으로 꼬집어 지목하여 "여전히 그것은 나쁘지만, 그럼에도 불구하고 나는 감사하다"라고 말해야 한다. 그러면 그 원인으로 인해 내게서 감사를 빼앗으려는 공격이 무력화되고 긍정의 기운이 반격을 시작할 것이다. 이것이 감사 3진법의 원리이다.

상황을 애써 부인하거나 기억에서 지우려는 것은 어리석은 일이다. 스스로를 위로하며 '이건 별일 아니야' 하면서 얼렁뚱땅 구렁이 담 넘듯 넘어가는 것은 오히려 속을 더 썩게 만들 뿐이다. 가장 좋은 방법은 정면으로 맞서서 돌파하는 것이다. 정면 돌파는 특히 감사 진법의 큰 원리 중 하나다. 어떤 상황이든 그 상황과 맞서려는 용사가 감사 진법을 사용할 때 자연스럽게 따라오는 선물이다. 지금 나를 고통스럽게 만들고 화나게 하는 조건, 내 안에 호수처럼 잔잔하던 평화의 상태를 깨버린 원인을 낱낱이 드러내라. 그 상황을 구체적으로 묘사하듯 되짚어라. 그리고 말하라.

"이런저런 상황이 내게 나쁘지만, 그래도 감사하다."

감사 나눔의 기적

예를 들어 실수로 교통사고를 냈다고 치자. 차 수리에 엄청난 비용이 들 테고, 당분간 차 없이 다녀야 하거나 몸이 아파 병원에 다녀야 하는 등 이런저런 일을 생각하면 화가 치밀어 오른다. 바로 이때가 감사 3진법을 써야 할 때이다. "지금 교통사고가 나서 나의 상황은 매우 나쁘지만, 그래도 나는 감사하다."

감사하지 못할 상황을 낱낱이 꼬집어 꺼내 감사의 옷을 입히면, 그때를 기점으로 내 안에 들어오려던 부정적인 기운이 힘을 잃고, 어느새 흔적도 없이 사라져 버린다.

직장 상사가 별일 아닌 것을 따지며 몰아칠 때도 꼬집어 감사하자. "아무개 팀장님이 나를 나무라는데, 그럼에도 불구하고 감사하다."

아내가 다 지난 일을 들추어내며 나를 들들 볶을 때, 그때도 꼬집어 감사하자. "아내가 잔소리를 30분째 계속하고 있지만, 그래도 감사하다."

적이 침입했는데도 침입하지 않았다고 우기는 것은 적으로 하여금 내 마음을 온통 헤집어 놓도록 허락하는 것과 마찬가지이다. 우리는 침입한 적을 인지해야 함은 물론, 특히 내 마음속에 복병이 숨어 있진 않은지 늘 살펴야 한다. 만약 복병이 있는데도 방치한다면, 그것들은 틈만 있으면 고개를 들이밀고 내 안의 감사를 갈아먹기 시작할 것이다. 그래서 가장 위험한 복병 중 하나가 드러내지 않고 마음속에 가둬 둔 감정이다. 이것이 결국 나를 파괴시키는 강력한 힘으로 자라게 된다는 사실을 명심하자.

우리가 문제의 원인을 구체적으로 드러내고 감사하는 바로 그 순간, 우리는 비로소 긍정적이고 적극적이며 창의적인 사고 체계를 작동시킬 수 있다. 그렇게 시야가 열리면 인생은 기대감으로 부풀어 오르게 된다. 그뿐만 아니라, 내가 악을 뱉지 않고 오히려 선한 마음으로 대했기 때문에, 언젠가 그것이 좋은 것으로 보답될 것이라는 기대도 가질 수 있다. 그러다 보면 어느새 마음속에 평화가 새록새록 자라나기 시작할 것이다.

감사 4진법 : 마음 가득 감사하라, 감사의 마음이 차고 넘칠 때까지

사람이 힘든 일에 직면했을 때 일반적으로 보이는 반응은 '포기' 이다. "여기까지가 내 한계야"라고 포기해버리는 것이다. 한번 포기하면 비슷한 어려움에 직면할 때마다 또다시 포기하기 쉽고, 결국 자신의 한계는 거기까지로 결정되어 죽을 때까지 그 한계를 넘지 못한다. 그 한계를 뛰어넘을 때 얻을 수 있는 열매도 평생 얻지 못한다. 그러니 변화를 두려워해선 안 된다. 그럼에도 사람들은 자신의 한계를 옹호하기 위해 이렇게 말하곤 한다.

"난 언제나 이런 식으로 해왔어."

"난 본래부터 그런 사람은 아냐."

"난 원래 그렇게까지는 안 해."

하지만 당신이 늘 하던 대로만 계속한다면, 당신은 늘 얻던 것만

얻게 될 것이란 사실을 기억하라.

감사 3진법에 따라 꼬집어 감사했는데 마음속엔 여전히 회복되지 않은 괴로움이 지속될 수도 있다. 감사할 수 없는 조건을 꼬집어 감사했다고 해서 내 마음이 순식간에 감사로 차오르거나 상황이 실제로 바뀌는 것은 아닐 것이다. 특히 상황이란 대개 천천히 바뀌거나, 심지어 끄떡도 하지 않은 채 그대로 있는 경우가 대부분이다. 나를 괴롭히는 상대방의 태도 역시 갑자기 우호적으로 바뀔 리는 만무하다.

하지만 마음이 감사를 회복하지 못한 채 불편한 상태로 남아 있으면, 그 여파는 일상생활에도 영향을 미쳐 우리의 심기를 건드린다. 그것은 여전히 마음속에 해결되지 않은 불편한 감정이 도사리고 있다는 증거다. 이런 상황이 포착되면 즉시 문제를 밖으로 꺼내 감사함으로써 정리하고 넘어가야 한다. 피하거나 미뤄두면 나중에 더 얽히고 복잡해져 호미로 막을 일을 가래로 막아야 할 상황이 발생한다. 그럴 때면 한 단계 올려 감사 4진법으로 나아가야 한다.

감사 4진법은 감사의 마음이 가득 차오를 때까지 계속 감사하는 것이다. 이 단계에서는 상한 마음이 회복될 것을 믿고 인내하며 1, 2, 3, 4진법을 모두 동원해서 감사해야 한다.

온전한 감사는 감사하지 못할 것은 없다는 강한 믿음과 감사로 충만해질 것에 대한 기대를 가지고 1, 2, 3, 4진법을 계속할 때 얻어진다. 이것은 '긍정적인 끈기'이다. 인생은 긍정적인 끈기를 가진 사람에게 성공과 행복을 선물한다. 그러므로 부정적인 기운이 나를 장악하지 못하도록 더 끈기 있게 긍정적인 기운을 불어넣어 주어야 한다.

감사 4진법은 도무지 감사의 마음을 갖지 못하게 하는 상황이 반복될 때, 그래서 내 안에 쌓인 마음의 찌꺼기로 인해 불쑥 부정적인 기운이 발산되며 욱하는 나쁜 감정이 치밀 때 지체없이 꺼내야 할 카드이다. 한 번만 더 끈기 있게 반복하여 맞서는 마음의 전략이 곧 감사 4진법인 것이다. 그러면 내 마음은 다시 감사와 평화라는 본래의 상태를 회복하게 된다.

감사 4진법은 감사의 마음이 가득 차오를 때까지 감사하는 것인데, 그렇다면 내 마음이 감사로 가득 차 있다는 사실은 어떻게 알 수 있을까? 이는 감사의 마음이 가득 찬 상태의 증상들을 통해 판단할 수 있다.

반복하여 소리를 내 꼬집어 감사하다 보면 어느새 반복의 효과가 나타나 감사의 마음이 회복된다. 서서히 기운이 차오르면 기쁨이 회복된다. 그 일만 생각하면, 혹은 그 사람을 떠올리면 뭔가 좋은 일이 생길 것 같은 기대감이 생긴다. 처음에 나를 불편하게 만들던 일이나 사람이 이제는 내게 감사를 가져다주는 축복의 통로처럼 보인다. 이런 상태가 시작되면 감사 4진법이 제대로 작동했다고 확신하면 된다. 감사는 기쁨으로 확인할 수 있는 셈이다.

감사와 기쁨은 어떻게 보면 하나의 마음이다. 소리 내어 감사하다 보면 마음에 여유가 생길 뿐 아니라 어느새 평안해지는 것을 느낀다. 이어서 뒤따라올 축복에 대한 기대감이 생기고, 드디어 숨어 있는 축복에 대한 희망이 보이기 시작한다. 이쯤 되면 나도 알지 못하는 사이에 내 마음 가득 기쁨이 차오른다. 감사로 시작하여 충만한 기쁨에 이를 것이다. 그러니 감사는 곧 기쁨을 불러오는 힘이다.

감사 5진법 : 즉시 감사하라, 늦으면 다시 하기 어려우니

지금까지의 감사 진법은 사실 평범한 수준에 불과하다. 이렇게 말하면 여러분은 아마 "지금 장난치는 거야? 4진법까지 따라 하기도 얼마나 힘들었는데!" 하고 항의할지 모른다. 하지만 한 단계 업그레이드된 감사 5진법을 활용해보면 내 말에 공감할 것이다.

감사 1, 2, 3, 4진법에 이어 감사 5진법 "즉시 감사하라"까지 훈련하여 숙달된다면 그 효과는 엄청나다. 감사의 수준이 높아지는 만큼 우리가 얻는 유익도 그만큼 커질 것으로 기대해도 좋다.

'즉시 감사'의 의미는 내가 실수하거나 잘못을 저질러서 좋지 않은 상황에 부딪혔을 때, 일단 내 마음을 지키기 위해 "곧바로, 즉각 반격한다"는 뜻이다. 1초 전의 과거라도 그 과거에 얽매여 자기 자신이나 타인을 비판하기 시작하면 그 불똥이 어디로 튈지는 아무도 모른다. 대상이 사람이든 환경이든, 언제나 용서하고 감사하는 마음으로 자기 자신을 지켜야 한다. 불평하고 화를 내면 낼수록 내 마음이 황폐해지는 것은 물론, 환경도 악화되어 문제를 해결하기 더 어려워질 수도 있다. 이런 경우 본능처럼 작동하는 것이 잔머리인데, "조금만 더 화내다가 감사하지 뭐" 하며 버티는 것이다. 그 결과는 불 보듯 뻔하다. 그러므로 재빨리 감사하여 그 상황에서 벗어나야 한다. 빨리 감사할수록 빨리 해결된다는 사실을 기억하고 즉시 감사하라.

성경에 나오는 다윗 왕은 아내를 가로채기 위해 충성스런 신하를 죽이기까지 했다. 죄목으로 따지자면 그는 가정 파괴범에 살인자이고, 도무지 용서받지 못할 구제 불능 인간이다. 그러나 다윗 왕의 위대함은 그가 자신의 잘못을 지적당했을 때 즉각 뉘우치고 눈물로 회개했다는 점에 있다. 하늘은 뉘우치는 자를 용서한다. 죄악의 무게 차이는 따지고 보면 오십보백보이다. 자신의 죄를 용서받은 다윗은 여생을 구원받은 것에 대한 감사로 살아갔다.

사람이란 본래 나약하기 짝이 없는 존재이기에 크고 작은 죄를 범하며 살아갈 수밖에 없다. 물론 죄를 안 짓기 위해 노력하는 게 가장 중요하지만, 여기서 말하는 것은 어쩌다 범죄한 경우, 그 죄를 용서받고자 하는 진심 어린 뉘우침이 반드시 필요하다는 점이다. 용기를 내서 뉘우친 자에게는 용서받은 감사의 기쁨이 선물로 주어진다. 그러므로 즉각 뉘우치고 감사하는 자가 성숙한다. 성숙한 자는 위대한 일꾼이 된다.

감사 5진법을 다시 강조한다. "즉시 감사하라!" 실수를 저질렀다면 즉시 일어나 뉘우치고, 긍정의 길이 어느 쪽인지 판단하라. 그리고 감사함으로 긍정의 자리를 향해 바로 나아가라. 예상치 못한 나쁜 일이 생겼을지라도 화를 내거나 불안해하지 말라. 온갖 부정적인 생각이 내 마음을 채울 어떤 틈도 허락하지 말라. 대신 즉시 감사하라. 우리는 감사하는 만큼 새 일을 빨리 시작할 수 있으며, 부정적인 공격에서 자유로울 수 있다. 그러므로 아무리 불행한 일이 일어났다 해도 빨리 떨치고 일어나라. 그러기 위하여 즉시 감사하라!

감사 5진법은 내 앞에 놓인 청천벽력 같은 상황을 돌파하기 위한 최우선 단계의 응급처치 비법이다. 적은 우리가 틈을 보이는 즉시 비집고 들어오며, 적의 공세는 결국 나의 삶 전체를 함락시킬 것이다.

상담차 나를 찾아오는 부부의 갈등 원인 중 하나는 바로 배우자의 욱하는 성격이다. 나에게 와서 하는 요청 대부분이 "선생님, 우리 남편은 성질을 고쳐야 해요. 변할 수 있을까요?"이다.

욱하는 성격은 분노가 튀어나오는 순간과 관련이 있다. 분노의 감정은 불과 0.3초만에 올라오기 때문이다. 따라서 '욱' 하는 것처럼 보일 수밖에 없다. 그들의 요청에 내가 건네는 조언은 이것이다. "즉시 감사해보세요. 0.3초를 이길 수 있는 건 즉시 감사뿐입니다"

즉시 감사에 익숙해지면 즉각 화를 내는 대신 즉시 감사함으로 분노의 감정이 약화되고, 의식하지 못한 사이에 부드러운 사람이 되어간다.

나의 경우가 그 예가 될 수 있다. 어느 날 운전할 때였다. 도로에선 가끔 깜박이 등도 켜지 않은 채 불쑥 끼어드는 차가 있다. 이전의 나였다면 클랙슨을 빠르게 누르며 화를 내거나 육두문자를 썼다. "야, 이! 미쳤어?"

하지만 즉시 감사를 하고 난 후 달라진 점이 있다면, 운전 중에 누가 끼어들더라도 이제는 흥분된 상태로 반응하지 않는 것이다. 이전과 다른 내 언행에 뒤에 앉아 있던 아이가 한 마디 했다.

"아빠, 사람 됐어."

부정적인 감정이 치고 올라올지 모를 순간을 위해 미리 5진법을 외워 두자, "즉시 감사하라, 즉시 감사하라. 나는 예상하지 못한 일이 일어났을 때, 얼핏 보기에는 나쁜 상황일 수 있어도 먼저 감사하리라. 이 상황도 결국은 더 좋은 결말로 이끄는 과정일 뿐이다. 궁극적으로 내게는 항상 좋은 일만 일어날 것이다. 단지 지금 이 순간에 나쁜 일처럼 보일 뿐이고, 이해할 수 없을 뿐이다. 그러니 지금 당장 내가 할 일은 즉시 감사하는 것뿐이다. 즉시 감사하라, 즉시 감사하라."

이런 마음가짐을 가진다면 내게 굴러들어올 좋은 일을 절대 놓치지 않을 것이다. 그러므로 무슨 정보를 듣더라도 감사하겠다는 마음부터 준비해야 한다. '감사하는 것'이 우선이고 '듣는 것'은 나

중이다. 이 사실을 끊임없이 되새기고 머리와 마음속에 꼭 붙들어 놓아야 한다. 이것을 뼛속 깊이 새겨 버릇이 될 때, 감사 5진법은 비로소 완성된다.

이제 감사 5진법의 결론을 내려보자.

감사를 미루면 미룰수록 문제는 엉키고, 감사의 자리로 돌아오는 데 훨씬 오랜 시간 고생해야 한다는 사실을 기억하라. 그러니 내 안에 펼쳐지는 모든 상황 앞에서 즉시 감사하기로 작정하라. 감사하는 순간을 기점으로, 이후의 모든 상황은 새로이 전개될 것이다.

감사 6진법 : 모든 것에 감사하라, 예외는 없나니

누구에게나 아킬레스건이 있듯이 감사 진법에도 아킬레스건이 있는데, 그것은 바로 내가 감사할 수 없는 단 하나의 '예외'이다. 예컨대 "나는 언제나 어디서나, 누구에게나 감사할 수 있어! 하지만 이것 하나만큼은, 여기서만큼은, 그 사람에게만큼은 감사할 수가 없어!"라고 말하는 바로 그것이다. 우리가 감사의 열외사항이라고 특별 취급한 것이 바로 나의 '감사 아킬레스건'이다.

그러나 감사 진법은 예외를 허락하지 않는다. 99퍼센트 감사에 1퍼센트 불만은 절대 있을 수 없는 일이다. 내가 감사할 수 없는 그 한 가지, 대개 거기서부터 일이 틀어지고 그 부분이 약점으로 잡혀 공격당하기 십상이다. 아무리 1진법에서 5진법까지 통달했더라도 감사 6진법에서 막히면 지금까지의 노력은 수포로 돌아간다. 그러므로 이제는 감사 6진법에 도전해야 한다.

감사 6진법은 먼저 나 자신을 아는 데서 출발한다. 나의 감사 습관, 즉 감사가 잘 될 때와 그렇지 못한 때를 알고 있어야 한다는 뜻이다. 내 습관을 스스로 알고 있어야 원인을 분석하고 대안을 세울 수 있기 때문이다.

"나는 왜 그 순간에 자꾸 넘어질까?"

"나는 그런 상황에서는 왜 침착하지 못하고 분노하는가?"

"왜 그 사람 앞에만 서면 나의 감사 진법이 작아지는가?"

이렇게 질문하고 그 문제를 정확하게 분석해야 문제의 실체와 정면으로 마주할 수 있다. 이것이 나의 약점, 곧 아킬레스건 같은 감사 예외의 순간을 감사하는 상황으로 바꿀 수 있는 길이다. 그러므로 어떤 상황에서든 무조건 감사해야 한다는 제1진법을 우선 떠올려라. 감사는 예외의 상황이 사라질 때 비로소 완성된다.

이제 감사 6진법을 구체적으로 살펴보자.

혹시 직장 생활과 관련된 문제는 무엇이든 감사할 수 있는데, 가정에서는 감사 진법이 작동하지 않는가? 그래서 매사에 감사보다 불평과 짜증을 더 표출하게 되는가? 그렇다면 가정 문제에 대한 감사가 매우 중요하다. 치명적인 문제에서조차 즉시 감사하지 않으면 계속해서 힘들 것이다.

감사의 결과로 주어지는 평화를 내 안에서 어떻게든 빼앗으려는 힘은 약삭빠른 여우같이 그 약점만 집중하여 공략한다. 공격이 집요하게 계속되면 평화로운 마음은 어느덧 산산조각이 나고, 그 여우에게 감사와 행복을 도둑맞은 사람은 무기력한 존재로 전락해버린다. 이것이 내 마음의 성벽에 작은 구멍도 허락해선 안 되는 까닭이다. 그 정도 갖고 뭘 그러느냐고? '나는 다른 모든 영역에서는 감사해서 내겐 99퍼센트의 감사가 있는데, 겨우 1퍼센트를 양보한다고 뭐가 달라지느냐'고? 위험한 착각이다. 그렇게 생각하는 순간 당신은 이미 교활한 반(反) 감사의 힘에 사로잡히는 것이다.

인생을 살다 보면 언제나 마지막 예외 조항 같은 아킬레스건이 생길 것이다. 하지만 그것조차 감사하는 과정을 통과해야 비로소 더 자유로운 감사의 영혼을 소유하게 된다. 모든 것에 대한 감사를 무조건 잊지 말라.

감사 7진법 : 사람에게 '감감축' 하라, 그에게 상처를 입었어도

사람에게 받은 상처가 삶에 지속적으로 영향을 미치고 있는가? 그 사람을 떠올렸을 때 화가 나고, 감사하려면 힘이 들고, 가만히 있자니 괴롭기까지 하는가? 그렇다면 그것은 내게 상처를 입힌 그 사람을 아직 용서하지 못했다는 걸 의미한다.

상처를 입힌 그에게도 잘못이 있을 것이다. 하지만 보다 엄밀히 말하자면, 상처란 누군가의 위로를 받을 일이기 이전에 용서하지 못하고 있는 나에게 잘못을 저지르는 것이기도 하다. 용서하지 못하는 것이 나 자신의 치유를 막고 있기 때문이다. 결국 그를 용서하는 것이 나의 치유를 위한 길이다. 그리고 용서를 위해 사용할 수 있는 방법이 바로 '감감축'이다. 감감축이란 "감사하고, 감사하고, 그리고 축복하라"의 첫 글자를 모은 말이다.

상처가 생기면 나을 때까지 계속해 약을 바르는 것처럼, 마음의 상처 또한 지속적으로 '감감축'함으로써 치료해야 한다. 하루세 번 이상은 '감감축' 약을 발라야 한다. 이것이 감사 진법의 마지막 경지다.

감사를 나누는 사람은 상처를 입을 때도 '감감축'한다. 예를 들어 '그 사람'과 관계를 맺게 된 것을 감사하라. 그 사람을 떠올렸을 때 가장 기분 나쁜 점, 곧 그 사람으로부터 받은 상처를 구체적으로 꼬집어 감사하라. 마지막으로 진심을 다해 그를 축복하라. 감사하고, 감사하고, 그리고 축복하는 것이 감감축이다.

감사 7진법은 어떤 의미에서 인간의 한계를 시험하는 것처럼 느껴지기도 한다. 원수를 향하여 '감사하고, 감사하고, 축복한다'는 것이 말처럼 쉽지 않기 때문이다. 하지만 감사로 인한 평화를 회복하지 못하는 한, 그 손해는 고스란히 내 몫이 된다. 분노와 미움이 내 삶의 모든 영역에 바이러스처럼 퍼져, 감염된 인생을 살게 될 것이 자명하지 않은가?

나에게 상처를 준 사람은 내가 그것으로 인해 얼마나 고통받는지 정작 알지 못한다. 그런데 나만 그 사람에게 감정적으로 종속돼

감사 나눔의 기적

인생을 파멸로 몰고 간다면 그거야말로 억울한 일이 아닌가. 따라서 감사 7진법은 철저히 나를 위한 것이다.

또 하나 감사와 더불어 알아 두어야 할 것이 있는데, 바로 축복의 원리이자 비밀이다.

첫째, 타인을 축복하면 그 축복이 내게 먼저 이루어지고, 그런 다음 타인에게 이루어진다.

둘째, 타인을 축복했지만 그 사람이 축복받을 자격이 없다면 그에게 베푼 축복은 내게로 돌아온다.

셋째, 나에게 필요한 축복을 가지고 그 사람을 향해 축복하면 그 축복은 내게 신속히 이루어진다.

내가 오래전부터 터득하고 체험한 이 원리를 '축복의 비밀'이라고 말해도 과언이 아니다. 물론 나를 위해 다른 사람을 축복하라는 기복적인 말은 아니다. 다른 사람을 위해 복을 빌어주는 것에 위와 같은 행운이 따를 뿐이다. 그만큼 타인을 축복하는 일은 위대하다.

6. 내 삶을 행복하게 만드는 마법 같은 것

사람은 사람과 어울릴 때 누구나 상처를 받고, 또한 상처를 주면서 살아간다. 따라서 우리에겐 '감감축'이 필요하다. '감감축'은 살면서 상처를 받으며 살아갈 수밖에 없는 우리가 할 수 있는 가장 깊은 사랑의 표현인 동시에 내 삶을 행복하게 만들어주는 마법이다.

상처를 감감축으로 치유한 한 사람의 사례를 소개하면서 감사 7진법을 마치려 한다.

원망했던 오빠를 감감축하다

2020년 3월 18일, 새언니에게서 전화가 왔다. 오빠가 담도암 4기로 아산병원에 입원중이었는데, 앞으로 일주일 남짓 남았다는 소식이었다. 당시 나는 호스피스병원 간호사로 일하고 있어서, 새언니에게 "그러면 우리 호스피스병원으로 오라"고 했다.

3월 21일, 오빠가 우리 병원에 온 첫날. 휠체어에 탄 채 쏟아지는 봄 햇살을 쬐고 있던 오빠가 한 말은 "여기 오길 참 잘했다. 행복하다"였다. 여기로 데려오길 잘했다는 생각에 내 마음도 평안해졌다. 오빠가 먹고 싶다던 찹쌀떡, 참외, 토마토를 모두 가져다 주었다. 형제들과 어머니가 보고 싶다고 하여 그들 모두를 병원에 초대하기도 했다. 둘째언니는 오는 길에 매생이 굴죽과 미역국을 해왔다. 오빠는 언니가 싸온 음식을 맛있게 먹었다. 호스피스병원에서 보내는 삶의 마지막 시간을 하루하루 알차게 보냈다.

오빠는 일주일간 식사를 잘하더니 그 후부터는 잘 먹지 못했다. 매일 상태가 나빠졌다. 마지막이 가까이 오는 것이 보였다.

그때, 나와 오빠 사이의 일을 잘 알고 있던 김남용 선생님이 감 감축을 하면 좋겠다며 내게 미션을 주었다. 감사하고, 감사하며, 축복해준다는 것은 우선 임종을 앞둔 오빠를 위하는 일이지만, 나 자신을 위하는 일이라고도 했다. 이 일은 오빠가 건강했다면 오히려 생각도 못했을 것이다.

나는 사실 오빠에게 받은 상처가 깊어 아직 아물지 않은 상태였다. 김 선생님이 주신 미션 때문에 오빠와의 좋았던 추억, 감사했던 일, 칭찬하고 싶은 일을 써보려 했을 때, 내 안에 남아 있는 서운한 감정과 오빠가 나를 힘들게 했던 일이 먼저 떠올랐다.

내가 20대 후반일 때, 오빠는 한탕주의에 빠져 있었다. 사업을 크게 벌려 부도가 났고, 그것을 숨기고서 가족 친척들에게 돈을 빌려 쓰다 빚쟁이가 되었다. 나에게도 무려 2억 2천만 원이 넘는 돈을 빌려갔다. 내가 헛되이 쓰는 대신 살뜰히 아껴가며 어렵게 모은 돈이었다. 그렇게 모은 내 돈을 지금까지 단 1원도 갚지 않았고, 심지어 미안해하지도 않는 듯 보여, 나는 그것이 더 밉고 싫었다. 빚을 못 갚게 되자 나에게 파산하라며 쉽게 말하던 그 모습은 지금도 잊을 수 없다.

오빠로 인해 피해의식이 팽배했고, 분노가 쌓여 원망과 눈물로 세월을 보냈다. 그런 오빠가 내가 일하는 병원에 와 있다니, 서운함이 몰려와 눈물이 앞을 가렸다. '그렇게 자기 뜻대로 살

거면 잘 살기나 하지, 건강하기라도 하지'. 나이 60에 오늘내일 하며 호흡이 가빠 오는 오빠를 보니 원통하기 그지없었다.

전날 나이트 근무로 잠도 제대로 못 잤지만, 용서하고 화해한 뒤 작별을 고해야겠다는 마음으로 오빠에 대한 감사와 칭찬을 25가지나 썼다. 25개의 감사와 칭찬을 쓰며 오빠의 마음을 처음으로 알았다. 그때 처음 알게 된 것은 오빠의 입장이었다. 그러자 켜켜이 쌓아 두었던 마음의 원망이 스르르 녹기 시작했다. 오빠에게 어서 25개 감사를 읽어주고 싶었다.

평소보다 출근을 서둘러 오빠가 있는 병실에 갔다. '혹시 소천했으면 어떻게 하지?' 하는 생각에 조마조마하기까지 했다. 오빠가 가기 전에 25개 감사를 꼭 말해주고 싶었기 때문이다. 감사하게도 아직 오빠에게 의식이 있었다.

오빠를 앞에 두고 감사 카드를 읽어주었다. 오빠는 듣는 내내 울었다. 나는 마지막으로 "오빠, 오빠가 나에게 진 빚을 얼마나 갚고 싶어했는지 알아요. 마음 많이 힘들었을 거예요"라고 말하고 오빠를 꼬옥 안아 주었다. 옆에 있던 새언니도 함께 울었다. 그때 서로를 용서하고 화해할 수 있었다. 그 후 오빠는 말을 더는 못 하게 되었고 점점 기력이 쇠해지더니, 5일 후인 4월 3일 새벽, 평안한 모습으로 소천하였다.

어려운 마음에 억지로 했던 것이지만, 어쨌거나 감감축하고 나니 내 마음에 막혀 있던 체증이 쑥 내려간 것처럼 너무나 시원했다. 만약 내가 감감축하지 않았다면, 아마 나는 떠난 오빠에 대해 미안한 마음에 더 힘들었을지 모른다. 하지만 나는 용서했고, 화해했고, 마지막으로 감사와 축복을 전했다. 그럼으로써 내 마음이 편안해졌다. 다시 떠올려도 잘한 일이었다.

감사하고 감사하고 축복한 덕인지, 코로나로 어려운 때이지만 남편의 사업은 순탄하게 운영되고 있다. 그동안 나는 퇴사했고, 고질적으로 앓았던 허리 통증을 치료하며 행복하게 지내고 있다.

그렇게나 밉고 싫고 원망스럽던 오빠였는데, 오빠가 아니었다면 감감축의 의미를 제대로 경험해볼 수 있었을까?

나는 앞으로도 감감축하며 살 것이다. 그때는 삶이 얼마 남지 않은 오빠를 위한 일이라는 이유가 컸지만, 앞으론 철저히 나를 위해서 말이다.

저는 이 모든 게 감사 나눔이라는 행복의 근원지에서 생긴 것이라고 생각합니다. 여러분, 아내와 아이들, 가족, 지인 서로에게 감사와 칭찬을 표현해 보세요. 여러분에게도 많은 행복을 전달해줄 것을 믿습니다.

7장

감사 나눔의
생생한 실천사례

감사를 나눈 가정의 변화

집에서 감사 나눔을 하면 좋은 이유

감사 나눔을 통해 변화된 가정의 실제 사례와 감사 나눔의 예들을 소개한다. 다음에 소개하는 박종명 씨 가족은 현재까지 4년이 넘도록 감사 나눔을 진행중이다. 나는 이 가족의 사례를 감사 나눔 10년차에 해당하는 6년 후까지 추적하기로 했다. 내게는 살아 있는 연구이자 아름다운 선례가 될 것이라고 확신하고 있기 때문이다. 누군가 만들어놓은 아름드리 감사의 길을 여러분은 사뿐사뿐 따라오기만 하면 된다.

"감사를 내가 달라졌어요"

100감사를 모두 쓰고 아내에게 선물해주었습니다. 100감사를 전달할 때는 김남용 감사팀장님과 시설팀 직원 모두가 도와주셨습니다. 아내를 시설팀 사무실로 데리고 와 준비해주신 꽃다발을 선물해주며 100감사를 직접 읽어주었습니다. 100감사 내용을 하나하나 들으며 아내는 눈물을 흘렸습니다. 그 뒤로 정말 큰 변화는 아내와 다툼이 거의 없고, 서로를 이해하는 노력도, 아내와 둘이 데이트하는 시간까지 늘어났다는 것입니다. 그로 인해 자연스럽게 가족과 함께하는 시간도 많아졌습니다. 그리고 얼마 지나지 않아 집에서 감사 나눔을 해보자는 생각이 들어 일주일에 한 번씩 집에서도 감사 나눔을 시작하였습니다.

처음 집에서 감사 나눔을 하게 된 취지는 우리 아이들에게 사소한 것, 당연하게 여기는 것마저 감사할 줄 아는 마음을 갖게 하기 위해서였습니다. 부모님이 열심히 일해서 번 돈으로 생활하고, 학교 가고 학원에 가고, 부모님이 매일 밥 차려 주시고, 이런 사소한 일이나 당연시하는 일도 사실 감사한 일이라는 걸 깨달으면 좋겠다는 생각으로 시작하게 된 것입니다.

집에서 감사 나눔을 시작할 땐 참으로 어색했습니다. 아이들이 어떻게 써야 하는지 무엇을 써야 하는지 잘 몰라 힘들어했습니다.

집에선 아내와 아이들을 생각해 우선 4개의 감사를 썼습니다. 저와 아내는 ① 자신에 대한 감사, ② 저는 아내에게, 아내는 저에게 감사, ③ 첫째 딸 채빈이에 대한 감사, ④ 둘째아들 주영이에 대한 감사, 채빈이와 주영 두 자녀는 ① 자신에 대한 감사, ② 아빠에 대한 감사, ③ 엄마에 대한 감사, ④ 채빈이는 동생 주영이에게, 주영이는 누나 채빈이에게 감사했습니다.

이렇게 집에서 감사 나눔을 시작한 지 약 1년 반 정도 되었습니다. 매주 감사 나눔을 하는 날이면 아이들이 먼저 감사 나눔을 하자고 감사수첩을 가지고 옵니다. 감사 나눔을 하면서 다투었던 두 아이도 서로에게 감사했던 일을 이야기하며 자연스럽게 웃고 화해하게 되었습니다. 가족이 함께한 자리에서 서로에게 감사하고 칭찬하는 시간은 제 생각보다 더 큰 긍정의 힘이 있었고, 가정의 행복에 큰 도움이 된다는 걸 크게 느꼈습니다. 또 가족과 함께하는 시간이 행복해지다 보니 모두 가족과 시간을 보내려 노력하는 모습이 생겨났습니다.

감사 표현은 감사를 나누는 사람에겐 감사의 마음으로, 감사를 듣는 사람에겐 칭찬으로 들리는 힘이 있는 것 같습니다. 지인 또는 가족에게 감사를 들으며 더 좋은 모습을 보여주고 싶다는 긍정적인 생각이 많아졌습니다. 그러던 중 아이들에게 금연을 약속하게 되었습니다. 아이들이 "아빠가 담배를 끊으면 더 감사하겠습니다"라는 감사 나눔을 한 것이 시작이었습니다. 더 감사해할 아이들을 위해 금연에 도전하게 되었고, 아직 7개월밖에 되지 않았지만 현재 금연중인 아빠입니다. 다시 피우고 싶은 생각이 들 때마다 아이들과의 약속은 꼭 지키고 싶은 마음을 되새기며

감사 나눔의 기적

잘 참고 있습니다. 그 후로 아이들도 약속 잘 지키는 사람이 되기 위해 항상 노력합니다.

감사 나눔을 시작하면서 느낀 행복을 바탕으로 더 많은 시간 동안 가족을 생각하는 마음이 생겼습니다. 얼마 전엔 다보스병원에서 가족 휴가 사진전을 열었습니다. 아내와 아이들에게 소중한 추억을 선물해주고 싶어서 저도 출품했는데, 운 좋게 우수상을 받게 되었습니다. 아내와 아이들이 너무 좋아합니다. 그들이 행복해하니 저 또한 행복합니다.

결혼 12년차인 저희 부부를 결혼 전의 애틋한 커플로 봐주시거나, 결혼 12년차 부부 같지 않은 다정함이 있다면서 부러워하는 분이 많아졌습니다. 커플 옷도 입고, 주말에 아이들이 할머니네에 가 있을 때면 데이트도 자주 다닙니다. 여전히 연애하는 기분으로 살 수 있는 건 감사 나눔 덕분입니다.

저는 이 모든 게 감사 나눔이라는 행복의 근원지에서 생긴 것이라고 생각합니다. 여러분, 아내와 아이들, 가족, 지인 서로에게 감사와 칭찬을 표현해 보세요. 여러분에게도 많은 행복을 전달해줄 것을 믿습니다.

아래는 제가 아내에게 선물한 100감사 중 10감사입니다. 감사 나눔에 참고가 되었으면 합니다.

1. 인생의 동반자로 나를 선택해준 사랑스런 모습에 감사합니다. 그 선택에 후회 없는 남편이 되겠습니다. 사랑합니다.

2. 어린 나이에 시집와서 고생이 많았지만 투정부리지 않고 잘 살아주는 사랑스런 모습에 감사합니다. 앞으로 살아갈 날엔 호강시켜주는 남편이 되겠습니다. 사랑합니다.

3. 아직도 눈 마주치면 입술을 쭉 내미는 사랑스런 모습에 감사합니다. 저도 변하지 않는 소나무 같은 남편이 되겠습니다. 사랑합니다.

4. 매 끼니마다 무엇을 해줘야 신랑이 좋아할까, 물어보고 요리하는 사랑스런 모습에 감사합니다. 무얼 주든 잘 먹는 남편이 되겠습니다. 사랑합니다.

5. 시부모님께 효도하려 애쓰는 사랑스런 모습에 감사합니다. 저 또한 장인 장모님께 효도하는 남편이 되겠습니다. 사랑합니다.

6. 사업실패 후 원망보다 정신적 후원자가 되어준 사랑스런 모습에 감사합니다. 평생 당신 인생의 좋은 후원자, 최고의 남편이 되겠습니다. 사랑합니다.

7. 자신감 없는 모습을 보일 때마다 "오빠는 할 수 있어"라고 당연한 듯 말하고 믿어주는 사랑스런 모습에 감사합니다. 저 또한 당신을 믿고 힘주는 남편이 되겠습니다. 사랑합니다.

8. 가끔 밥을 혼자 먹을 때, 밥 다 먹을 때까지 옆에 앉아 말동무를 해주며 기다려주는 사랑스런 모습에 감사합니다. 저도 항상 당신을

기다릴 줄 아는 남편이 되겠습니다. 사랑합니다.

9. 나의 말 못할 아픈 일들을 감싸주고 한 번도 말하지 않는 사랑스런 모습에 감사합니다. 저도 당신의 모든 아픔을 감싸주고 안아줄 수 있는 남편이 되겠습니다. 사랑합니다.

10. 마지막으로 길고 지루한 이 글을 끝까지 읽어준 사랑스런 모습에 감사합니다. 저 또한 당신을 위해 인내하고 웃는 남편이 되겠습니다. 사랑합니다.

당신을 진심으로 많이 사랑하는 남편, 박종명 드림

감사 나눔 공모전의 우수 감사문

다음은 감사 나눔 공모를 할 때 우수 감사로 뽑힌 두 분의 감사문이다. 읽어보면 금세 알아챌 테지만, 감사는 아주 사소한 것에서도 할 수 있다. 감사의 대상을 떠올리면서 그 분과의 추억에서 찾은 '그저 감사할 일'이면 충분하다. 감사 나눔에 친숙하지 않은 여러분에게 참고 자료로 소중하게 읽히기를 바란다.

아버지에 대한 감사

이 내용은 2014년 '아버지 60감사 공모전'에서 최우수상을 받은 작품으로, 60감사 중 30감사만 발췌해 올립니다.

1. 1972년 눈이 펑펑 내리는 날, 건강하고 씩씩하게 세상에 나오게

해주심을 감사합니다.

2. 백일사진과 돌 사진에 장군감으로 보이도록 잘 찍어주셔서 감사합니다. 제가 봐도 저는 장군의 딸입니다.

3. 어릴 적에 밥 잘 먹는다고 칭찬 많이 해주셔서 감사합니다. 덕분에 덩치 크고 잔병 없이 건강하고 튼튼한 아이로 자랐답니다.

4. 오빠를 주시고, 무엇보다 연년생 언니도 주셔서 감사합니다. 언니와 늘 친구처럼 지냈고 심심하지 않았더랍니다.

5. 형제 중에서도 저를 막둥이딸, 막내딸이라 불러주심에 감사합니다. 혀 짧은 소리를 입에 달고 살면서 귀여움을 독차지할 수 있었더랍니다.

6. 누구보다 예쁘다고 늘 칭찬해주셔서 감사합니다. 제가 예쁘다는 것을 당연하다고 생각하며 자랐습니다.

7. 삼촌이랑 계시면 늘 미스코리아 감이라며 예뻐해주셔서 감사합니다. 그것이 현실성 없는 이야기라는 것을 위로 안 크고 옆으로 퍼질 때 알았습니다.

8. 4.19탑이 어릴 적 놀이터였지요. 공기 좋은 곳, 역사를 알 수 있는 곳에 살게 해주셔서 감사합니다.

9. 우이동 산자락에서 뛰어놀게 해주셔서 감사합니다. 그곳이 참 좋은 곳이란 것을 요즘 더 절실히 알겠더라고요.

10. 백운산과 도봉산을 뒷동산처럼 다니고 어릴 때부터 늘 데리고 다녀주셔서 감사합니다. 덕분에 튼튼한 하체를 갖게 되었고 산

도 잘 타는 건강을 갖게 되었습니다.

11. 마당 넓은 집에 살았던 기억이 있어요. 집은 춥지만 언니랑 늦게 까지 놀았더랍니다. 감사합니다.

12. 일 끝나고 오시는 아빠를 다리 앞에서 기다렸습니다. 아빠를 보면 전력질주로 달려가는 저를 언제든지 두 팔 벌려 안아주시던 따뜻한 아빠, 감사합니다.

13. 퇴근해서 오시는 길에 빈손으로 오지 않으시고 과일이며 호빵, 특히 생과자와 간식거리를 사들고 오신 아빠 감사합니다. 아빠를 기다린 것이지 절대 호빵이며 과자를 기다린 건 아니랍니다.

14. 몇 살 때인지는 기억나지 않지만, 크리스마스 이브 날 선물로 머리맡에 과자 선물 세트를 사주셔서 감사합니다. 정말 착한 일 해서 주시는 선물인 줄 알았습니다.

15. 걸스카우트 시켜주셔서 감사합니다. 갈색 스카우트 옷 입혀놓고 예쁘다고 해주시고, 캠핑이랑 잘 보내주셔서 감사합니다.

16. 시골 섬진강에서 민물고기 잡아 매운탕을 끓여주신 아빠와의 소중한 추억, 지금도 가끔 꿈을 꿉니다. 이런 추억을 주신 아빠 감사합니다.

17. 모든 부부가 다 아빠 엄마 같은 줄 알았습니다. 싸우는 모습을 보여주지 않으셔서 감사합니다.

18. 학교 다니면서 단 한 번도 공부하라는 말씀을 안 하신 아빠 감사합니다. 건강하고 밝게만 자라다오, 하셨는데 말씀대로 되었

습니다. 감사합니다.

19. 오빠가 아빠가 나온 고등학교 출신이라 내심 흐뭇해하셨던 아빠, 오빠가 고대에 입학하자 크게 웃지도 않으시고 "소가 뒷걸음질하다가 쥐 잡았구나. 잘했다" 한 말씀 하신 아빠, 오빠에겐 유독 엄하신 아빠셨지요. 귀하게 여기신 거라는 걸 이제야 깨달았습니다. 겸손을 조용히 보여주심에 감사합니다.

20. 방학 때면 우리끼리 외갓집에 가서 실컷 놀다 오게 해주셔서 감사합니다. 버스 타고 지하철 타고 다녀서 길눈이 밝아졌답니다.

21. 긴 머리를 단정하게 땋은 걸 유독 좋아하셨지요. 초등학생 땐 늘 긴 머리였던 저입니다. 엄마가 간혹 안 계신 아침이면 빗겨주시고 땋아주셨지요. 감사합니다.

22. 제가 방귀를 뀌면 "아이구 시원해라" 하셨던 아빠. 지금 저도 아이들이 뿡 하면 "아이구 시원해라" 한답니다. 뿡 하면 시원하다는 생리적 욕구를 웃음으로 받아주셔서 감사합니다.

23. 제겐 뭐든 다 들어주셨던 아빠. 예스맨이 될 수 있던 내 힘의 원천입니다. 감사합니다.

24. 가게 앞에서 '전우의 시체' 고무줄 놀이 하다가 넘어져 무릎이 2센티미터 정도 찢어졌지요. 꿰매는 흉터가 더 안 예쁘다고 그대로 잘 아물게 두라하셨지요. 무릎이라 아물만하면 상처가 다시 터졌어요. 찢어진 상처라서 꿰매는 것이 더 나았을 테지만, 흉터를 볼 때마다 아빠가 하셨던 말씀이 생각이 난답니다. 감사

합니다.

25. 봄이면 씀바귀 나물에 따뜻한 밥 쓱쓱 비벼 드셨던 아빠. 봄나물이 좋은 거라고요. 지금도 봄나물 중에 씀바귀를 보면 아빠 생각이 나요. 꼭 혼자 안 드시고 한 숟가락씩 제 입에 넣어주셨던 아빠. 저도 쌉싸래한 씀바귀나물이 좋아요. 건강한 입맛을 알려주셔서 감사합니다.

26. 사춘기가 지나서도 휴일 새벽만 되면 왜 엄마 아빠 사이를 뚫고 들어가 아빠 팔 배게 하고 잤는지 저도 모르겠어요. 제가 단단히 미쳤었나 봐요. 반성합니다. 그런 철부지 저를 방에 가서 자거라 한 번도 말 안 하시고 "우리 막둥이 왔는가" 하며 따뜻하게 안아주셔서 감사합니다.

27. 제가 쫑알쫑알 말하면 허허허 하고 웃으셨던 아빠의 웃음소리가 지금도 귀에 생생합니다. 그런 아빠 덕분에 즐겁게 대화하는 법을 알았더랍니다. 감사합니다.

28. 말하는 것마다 언제나 다 들어주시고 품어주셔서 내가 믿는 하나님의 품이 아빠의 품처럼 따뜻하다는 것을 알게 되었습니다. 감사합니다.

29. 아빠가 누군가를 험담하거나 욕하는 모습을 본 적이 없어요. 그런 삶의 모습에 감사합니다. 더욱 닮아가도록 노력하겠습니다.

30. 고3, 3월 학기 초. 갑자기 아파져 병원에 입원하신다고 하셨지요. 그리고 3일 뒤, 아빠는 이렇게나 아빠를 좋아했던 저와 엄마

신 여사님, 그리고 제게 가리워 잘 표현하지 못하던 언니와 무뚝뚝한 오빠를 두고 천국으로 가셨어요. 어찌 그리 빨리도 가셨는지요. 당시 아빠 나이 49살, 그때 엄마는 딱 지금의 제 나이였습니다. 아빠를 너무 좋아하고 사랑하지만, 그리 독하게 혼자 가실 수밖에 없던 이유를 하나님께 울면서 묻고 또 물었더랍니다. 18년 동안 부지런히, 찐하게 사랑해주신 게 아마 그런 이유였나 봅니다. 이 세상 그 누구보다 저를 사랑해주시고 지지해주셨던 아빠. 당신 사랑의 모습으로 내 하나님 아버지의 사랑을 느낍니다. 감사합니다. 그 사랑, 우리 아이들에게 전하겠습니다.

사랑하는 아빠의 딸, 황현정(전 다보스병원 건강검진센터 실장) 올림

어머니에 대한 감사

이 내용은 2015년 '어머니 50감사 공모전'에서 최우수상을 받은 작품으로, 50감사 중 20감사만 발췌해 올립니다.

1. 어머니가 나의 어머니여서 감사합니다.
2. 돈이 없어 병원에도 못 가고 집에서 막내동생을 낳던 날이 기억납니다. 산고의 고통 소리를 처음 들었습니다. 그때는 그것이 얼마나

아픈지 몰랐습니다. 제가 시집가 아이를 낳아보니 그 고통을 알겠습니다. 산고의 고통을 4번이나 겪으면서도 건강하게 지금까지 옆에 있어주셔서 감사합니다.

3. 4남매의 장녀로 늘 동생들 앞에 저를 높여 자존감을 잃지 않게 하셨던 어머니 감사합니다. 어릴 적 어머니의 교육이 지금 제가 아이들을 키우는 데 많이 생각나고 도움이 됩니다. 감사합니다.

4. 술 좋아하는 아빠 때문에 마음 고생, 몸 고생, 그래도 삶의 끈을 놓지 않고 열심히 살아주셔서 감사합니다.

5. 시에서 임대하는 산꼭대기 땅을 빌려 처음 집을 짓고 아궁이 앞에 앉아 불을 지피며 아빠와 함께 우시던 모습이 눈에 선합니다. 그 모습이 지금도 잊혀지지 않고, 제 삶이 힘들 때마다 조금씩 꺼내어 저도 용기 내어 살아갑니다. 본을 보여주셔서 감사합니다.

6. 첫 아이를 낳던 날 고통스러워하는 저를 보시며 저보다 더 아파하셨던 모습, 출산할 때 친정엄마가 옆에 있는 것이 얼마나 힘이 되던지요. 감사합니다.

7. 어릴 적 엄마 지갑에 손을 대서 회초리로 크게 맞았던 기억은 제 몸과 마음에 흔적이 되어, 잘못된 것을 구별하게 하는 분별력과 정직에 대하여 알게 하셨습니다. 올바른 가르침에 감사합니다.

8. 추운 겨울에 4남매를 목욕탕에 데리고 가서서 한 명 한 명 때를 밀어주셨던 기억, 목욕탕을 나오면 꼭 자장면을 먹여주셨지요. 엄마가 드셔야 할 자장면은 늘 저희 4남매의 그릇에 더 덜어주셨어

감사 나눔의 기적

요. 자식을 낳아보니 그 마음이, 그 사랑이 얼마나 깊은 것인지 알겠습니다. 그 사랑에 감사합니다.

9. 초등학교 때 제 머리는 늘 어머니가 짧게 깎아주셨어요. 나는 긴 머리가 좋았는데, 참 예쁘다고 하셨죠. 그 시절 사진 속의 나는 전부 머리가 짧아요. 엄마가 장사해서 생활해야 했기에 4남매를 모두 다 건사하려면 저도 짧고 둘째도 짧고, 셋째도 넷째도 짧았어요. 가끔 투정 부리면서, 투박한 가위로 깎은 머리 보고 울고불고 생떼를 썼었지요. 그래도 어머니는 예쁘다고, 예쁘다고 달래셨어요. 죄송하고 감사합니다. 이제는 언제 어머니가 우리 머리를 깎아주시겠습니까? 고맙습니다.

10. 아빠가 사우디에서 일 년 노동자로 일하러 가셨을 때 엄마 혼자 어린 저희 4남매를 잘 키워주셔서 감사합니다. 지금 생각해보면 젊은 엄마가 아빠 없이 일 년을 아이들과 같이 있다는 것이 외롭고 힘들었을 텐데 잘 이겨내 주셔서 합니다.

11. 나이 들어 아파지는 몸을 이끌고 아르바이트 나가시는 어머니, 그것이 감사하다고 말씀하시는 어머니, 죄송하고 감사합니다.

12. 자식에게 뭐가 그리 미안하신지, 당신 몸이 아파 병원에 가시면서 자식 돈 쓰고 힘들까 봐, 그렇게 미안해 하십니다. 부모는 다 그런가 봅니다. 죄송하고 감사합니다.

13. 그렇게 강하게 보이셨던 어머니, 어느 때부터인가 마음도 몸도 약해지셨음을 느낍니다. 큰 산이었는데, 이제 제가 큰 산이 되어

드려야겠습니다. 큰 산으로 저를 지켜주셔서 감사합니다.

14. 삶이 힘들어 지쳐 있을 때 전화 드리면 "애야 사는 거 별거 아니다. 몸만 건강하거라. 살다 보면 좋은 날 온단다" 하셨죠. 엄마의 목소리는 저를 정말 힘이 하고 비빌 언덕이 됩니다. 감사합니다.

15. 통화로 제 기침 소리를 들으시고, 기침에 좋다는 수세미 발효액을 직접 만들어 버스를 타고 오셔서 건네주셨습니다. 허리도 아프신데, 무거웠을 텐데, 나는 내 자식에게 그렇게 할 수 있을까요? 어머니 감사합니다. 신기하게 오래된 기침이 나았습니다. 어머니의 기적 같은 사랑 때문입니다.

16. 엄마가 담가주는 찹쌀고추장은 정말 맛있습니다. 손녀딸이 독식하기는 하지만, 명품 고추장입니다. 고추장 담글 때 사랑을 많이 넣어서 그런가 봅니다. 이 맛을 오래도록 보면 좋겠습니다. 오래 사세요. 감사합니다.

17. 시댁에서는 며느리이고 명절이면 제일 먼저 일어나 부엌에 가야 하는데, 친정에 가면 더 자라고, 아침밥은 알아서 할 거니 걱정 말라고, 저는 그게 너무 좋습니다. 엄마 힘드실 거 아는데 왜 그리 편안하고 잠이 쏟아지는지, 그래서 친정인가 봅니다. 그 친정을 오래도록 맛보고 싶습니다. 감사합니다.

18. 엄마는 몸이 자주 붓습니다. 철없는 딸이 가끔 뵈면 얼굴 좋아졌다고 속 모르는 소리를 합니다. 그냥 웃으십니다. 아프다고 하면 딸 마음 아플까 봐, 그러다 아파서 병원 가시면 미리 얘기 안 했

감사 나눔의 기적

다고 화내는 철없는 딸에게 오히려 핀잔을 줍니다. 아파서 병원에 오셔도 딸 얼굴 보니 좋다 합니다. 이 사랑을 어찌합니까. 감사합니다. 제가 누구에게 이토록 가슴 시린 사랑을 받겠습니까.

19. 엄마는 잘 주무십니다. 얼마나 감사한지, 그렇게 깊은 잠, 맛있는 잠, 건강한 잠을 오래도록 누리셨으면 좋겠습니다. 잘 주무시는 엄마가 감사합니다.

20. 세상에서 가장 아름다운 사랑을 전해주신 어머니 감사합니다. 어느 때든지 삶의 고난 가운데서도 가정을 포기하지 않으시고, 품으시고, 지켜주시고, 지금까지 곁에 있어주셔서 감사합니다. 저도 제 자식이 저를 자랑스러워하는 엄마가 되도록 노력하겠습니다.

최은경(전 다보스병원 회계과 팀장)

감사와 행복한 삶 12주 과정

GHL 과정 모집 안내

· 목표

1. 감사로 대화하며 관계의 재구성과 치유와 회복이 일어난다.

2. 생활신앙으로 일상에서 하나님과 친밀있는 관계와 교제하게 됨.

· 기간

요일	기간	시간	접수 기간
목요반		저녁 8-10시	
월요반		저녁 8-10시	

· **프로그램**

1. 책 5권을 읽고 조별 토론(5-7장 요약본)

북쉐어링 도서명

- 회복탄력성(김주환)

- 당신이 옳다(정혜신)

- 사과의 언어(게리 채프만)

- 소중한 것은 일상 속에 있다(야마시타 히데코)

- 감사나눔의 기적(김남용)

2. 100감사, 폭풍감사, 10감사카드를 경험

　　→ 주1회 조별(4명) 피드백(줌 강의)

3. 일상의 루틴(매일 해야할 것)

　* 매일 5가지 감사를 하나님께 읽어드리기(하나님 전상서)

　* 두 사람이 쌍방대화 주 5회 30분(페이스 톡)

　* 아침저녁으로 허그하기

· **모집인원** : 각 반 20명

· **회 　 비** : 15만원(제일은행 609-201-89785 김주승)

· **접 수 처** : yo1040@naver.com ☎ 010-8322-7311 김남용

· **기 　 타** : 수료후 짝과 3개월 1주회씩 나눔을 함

· **프로그램 커리큘럼(12주)** 주제 : 내가 행복하며 감사로 살기

주	주제	내용	도서 및 자료	한 주간 실천
1	감사하면 행복해집니다	1. 자기소개 2. 진짜 생각은 몸이 한다 3. 일상의 루틴과 조 구성(이름) 4. 수다와 대화의 차이 (반영하기 3회)	나의 회복탄력성 지수 검사	* 일상의 루틴 * 조별 나눔 * 북쉐어링 (회복탄력성)
2	회복탄력성	1. 자기조절능력 2. 마음의 근력과 공간 넓히기 3. 대인관계 능력 4. 자기존중이 타인 존중이다	회복탄력성 (김주환) 영상물	* 일상의 루틴 * 조별 나눔 * 가족과 지인들에게 하루 한번 칭찬하기
3	나와 친밀해지기	1. 자신에게 칭찬과 감사 하기(50가지) 2. 괜찮은 나(-로)출발 3. 나와 가족관계		* 일상의 루틴 * 조별 나눔 * 가족과 지인들에게 하루 한번 칭찬하기 * 버킷 리스트(3가지 이상 실천, 예, 영화, 잠자기, 스포츠 관람, 맛있는 것 사먹기 등)
4	감사진법	1. 나의 역경 소개하기 2. 그럼에도 불구하고 상황을 감사로 바꿔보기 3. 가족 인정하기와 이해하기		* 일상의 루틴 * 조별 나눔 * 북쉐어링 (당신이 옳다) * 자신의 역경을 가족들과 나눠보기
5	공감력 키우기			* 일상의 루틴 * 조별 나눔 * 북쉐어링 (사과의 언어) * 너의 생각이 옳아! 다른 너를 인정하기 * 가족과 공동체에서 영화보기(우행시, 밀양 중 택일)
6	감사보다 사과가 먼저다	1. 관계풀기 2. 나의 사과의 언어는? 3. 피해자와 가해자 사이에 피해자가 원하는 것 4. 실수나 실패는 당연히 일어난다	사과의 언어(게리 채프만) 영상물 간증(임미경 자매)	* 일상의 루틴 * 조별 나눔 * 가족에게 사과하기, 나 자신 용서하기, 사과데이 정하기 (실수잔치)

주	주제	내용	도서 및 자료	한 주간 실천
7	하프타임	1. 피드백을 통해 깨닫기 2. 달라진 나를 칭찬하기 그리고 도전하기 3. 내 일상의 걸림돌은? 4. 100감사 쓰기 (배우자)	나의 회복탄력성 지수 검사	* 일상의 루틴 * 조별 나눔 * 북쉐어링
8	폭풍감사로 자존감 회복하기	1. 감치이자장응축! 2. 조원들에게 폭풍감사 해보기 3. 소감나눔	감사나눔의 기적 (김남용)	* 일상의 루틴 * 조별 나눔 * 목사님, 회사, 상사, 목원, 가족들에게 폭풍감사
9	감사로 관계 재구성	1. 생활과 물건 그리고 공간 2. 나의 단사리 3가지를 정한다면? 3. 내 삶의 인풋 아웃풋		* 일상의 루틴 * 조별 나눔 * 북쉐어링(감사나눔의 기적) * 10감사를 가지고 VIP 1명 이상 초대하기
10	단순하게 살아보기	1. 나의 역경 소개하기 2. 그럼에도 불구하고 상황을 감사로 바꿔보기 3. 가족 인정하기와 이해하기	소중한 것은 일상 속에 있다 (야마시타 히데코)	* 일상의 루틴 * 조별 나눔 * 옷, 가구, 주방용품, 책 버리고 나눠주기 * 미디어 줄이기 * 관계 정리 * 회복탄력성 지수 검사
11	공동체에 감사하기	1. 매슬로우의 다섯 가지 욕구 2. 이타적인 일상을 경험해보기 3. 행복은 전염된다		* 일상의 루틴 * 조별 나눔 * 공동체 감사하기 예) 환경미화원, 경비아저씨, 택배, 집배원 등 * 소감문 쓰기 * 행복과 도전을 어떻게 준비할 것인가
12	수료식	1. 행복해진 나를 소개하기(영상, 소감문) 2. 기쁨, 기도, 감사는 하나이다	사과의 언어(게리 채프만) 영상물 간증(임미경 자매)	* 만찬 및 교제 * 이후의 행복한 삶의 여정 그리기 * 수료 후 짝꿍 교제(3개월 유지)

감사로 나아가는 글

우리는 어떻게 세상을 바꿀 수 있나?

스티브 카렐과 모건 프리먼 주연의 영화 〈에반 올마이티〉를 보면 이런 대사가 나온다.

"How do we change the world?"(우리는 어떻게 세상을 바꿀 것인가?)

"One single act of random kindness at a time."(조건 없이 누구에게든, 한 번의 작은 친절을 베푸는 것이지.)

감사 나눔을 통해 일상을 감사했다면, 이제는 지경을 넓혀 내가 가지고 있는 것을 나눌 수 있어야 한다.

나누는 방법에는 여러 가지가 있다. 그중 첫째는 나누는 삶의 유통업자가 되는 것이다. 일본에 '단사리 운동'이라는 게 있다. '단사리'란 끊고(斷) 버리고(捨) 떠난다(離)는 의미이다. 해석하자면, 번

뇌를 끊고, 불필요한 것은 버리고, 집착과 이별하여 생활하자는 것이다. 끊고 버리고 이별한다는 것의 다른 말은 '나눈다'는 것이기도 하다. 가정에 쓰임 없이 고여만 있는 물건을 이웃에게 흘러보내는 것도 나눔이다. 이는 나의 삶을 정갈하게 하는 태도이기도 하지만, 결국 '단사리 운동'을 통해 감사 나눔까지 할 수 있게 된다.

먼저 가정에서 소유하고 있는 쓸 만한 물건이나 쓰지 않는 물건을 깨끗이 닦아 집 앞에 내놓자. 무료로 흘려보내자. 아마 10분이면 사라질 것이다. 예컨대 구두를 내놓았다고 치자. 언제 어디서 구매해서 사이즈는 몇이고 몇 번 정도 신었다고 써붙인 뒤 여기에 내놓은 이유를 짧게 설명해두면 가져가는 사람도 기분좋게 가져갈 수 있을 것이다. 이렇게 하는 이유로, "제가 감사 나눔 운동을 하는데, 감사해서 나눕니다"라고 설명을 써두면 아주 좋다. 타인에겐 감사 나눔에 대한 동기를 유발하고, 자신에겐 선한 영향력을 드러내는 수단이 될 수 있다. 지역 공동체에서부터 이런 작은 운동이 일어나길 기대한다. 누군가의 선한 마음을 전달받은 누구도, 좋은 이웃이 있어서 감사하며 세상은 그래도 살만하다고, 아름답다고 여기게 될 것이다.

이런 나눔도 있을 수 있다. 서울에서 용인까지, 고속도로 통행료로 1,900원을 낸다. 요즘은 대부분 하이패스로 통과하지만 가끔 현금이나 카드로 직접 요금을 내기도 한다. 이때 두 대 차량의 요금에 해당하는 3,800원을 내면서 톨게이트 직원에게 이렇게 말한다. "서울에서 내려오는 차량이 있으면 한 대는 그냥 통과시켜주세요. 제가 냈으니까요." 그러면 하이패스가 없는 다음 차량의 운전자가 현금을 내러 톨게이트 직원에게 갈 때 이런 일이 생길 것이다.

"여기요." "앞에 차주 분이 대신 내주셨어요. 그냥 지나가시면 됩니다. 복 받으셨나 봐요."

뜻밖의 선물 1,900원, 그것도 누군지 모르는 사람에게 선물 받은 것이니 얼마나 기쁘고 행복하겠는가. 출근길 또는 퇴근길의 피로가 싹 풀리지 않을까. 아마 미담이라며 여러 사람에게 전할 것이다. 자기에게 일어난 작지만 소박한 행운을 말이다. 이와 같이 행복한 사례가 자꾸, 자주, 빈번히 일어나야 한다.

쑥쓰럽지만, 최근에 내가 이런 일 비슷하게 한 '착한 일' 하나를 소개하고 싶다. 내가 일하는 강남 사무실 앞 골목에는 1톤 트럭 3대가 포장마차로 개조해 장사를 하고 있다. 젊은 친구들이 드나드는 골목이라 장사가 잘 되는 편이다. 출퇴근길에 보면, 그 중에서도 약 40대 후반인 아주머니가 너무 부지런하고 깔끔하고 친절하게 장사를 하고 있다. 저런 사람은 성공하겠다고 생각할 정도다.

지난 겨울, 날씨가 추운 어느 날 늦은 밤에 그 포장마차 앞을 지나가다가, 나는 편의점에서 1500원짜리 따뜻한 홍삼차를 샀다. 마침 손님도 없었다. 그 아주머니에게 홍삼차를 건네주며 이렇게 말했다. 아주머니가 그렇게 부지런히 최선을 다해 살아가는 모습에 감동하여 응원해주고 싶어서 드리는 것이라고. 아주머니가 고개를 숙이면서 매우 고마워 했다.

우리는 이처럼, 비록 아는 사이가 아니라 할지라도, 주변을 보면 자신의 일에 성실하고 열심히 최선을 다하는 사람이 많다. 그런 사람이 보인다면 작은 음료수 하나라도 주면서 감사하면 큰 힘이 된다. 우리 사회가 이런 식으로라도 작은 인정이 오가는 따뜻한 세상이 되면 좋겠다.

그 밖에도 다양한 나눔의 방법이 있다. 다만 '우리가 먼저' 감사할 줄 알면 충분하다. 택배기사님에게 음료수 한 캔을 나누며 감사할 수 있다. 환경미화원 아저씨나 음식물 쓰레기를 치워주는 용역업체 직원에게도 작은 나눔을 할 수 있다. 감사한 마음을 카드로 전하는 것이다.

환경미화원 아저씨께!

안녕하세요? 저는 OO동 OO번지 몇 동에 사는 주민입니다.

저희 빌라 전봇대 밑에 분리되지 않는 쓰레기가 쌓여 있어 지나다닐 때 마다 기분이 좋지 않았어요. 그런데 언제부터인지 아침마다 정리되어 있었습니다. 깔끔해진 거리를 걸으니 기분까지 상쾌해졌습니다. 모두 새로 오신 아저씨 덕분이에요.

고맙다는 말을 직접 전하고 싶지만, 만날 수 없어서 카드로 대신합니다. 아저씨 덕분에 우리 동네 골목이 깨끗이 유지될 수 있어서 감사합니다. 아저씨 덕분에 누군가는 감사를 느끼고, 심지어 즐겁답니다. 늘 건강하시고 행복하세요.

아저씨를 응원하는 주민이.

세상엔 이런 기운이 돌고 돌아야 한다. 선함도 기운이라서 나 혼자서는 세상이 바뀌지 않는다. 감사의 기운이 여러 사람을 통해 돌아야 한다. 그리하여 '감사 나눔'이 각박한 이 세상에서 운동이 되었으면 좋겠다. 감사 나눔 운동은 우리 사회를 보다 따뜻하게 만들기 위해 집단적으로, 글고 지속적으로 감사를 나누는 행동이다.

소망이라면, 이 책을 통해 사람들이 '감사 나눔'을 알게 되고, 실천하여 전파되고, 그 선한 파동으로 따뜻한 나라가 되었으면 좋겠다. 마음이 아프고 힘들다는 이유로 나를 찾아오는 이가 적어지기를 바란다.

마지막으로 영화 〈에반 올마이티〉의 질문을 나도 덧붙인다.

"우리는 어떻게 세상을 바꿀 것인가?"

답은 역시 "조건 없이 한 번의 작은 친절을 베푸는 것"이다. 그것이 우리 사회를 따뜻하게 할 것이며, 그제야 비로소 우리 스스로 우리를 구할 수 있을 것이다.

마무리
인사

이 책을 쓰면서 많은 분이 응원해주고 함께 해주었다.

감사 나눔 운동이 퍼지도록 깃발을 달아준 호주 브리즈번 안디옥장로교회의 민만규 목사님, 한국의 가정교회를 하는 작은교회에서 감사 나눔이 왜 중요한지를 알려주시고 책을 쓰라고 권하신 밝은교회 오명교 목사님, 그리고 독서운동가인 수원열린교회의 김동명 목사님, 대구의 천현숙 사모님, 매달 한번씩 독서토론을 하며 열정을 자기고 감사 나눔을 함께 해주고 기도해준 감사충전소의 '행복불씨'님들, 대구지부장인 김정무 목사님과 대구의 행복불씨들에게 감사를 드린다.

또한 감사 나눔 운동을 처음 시작할 때부터 응원해주었던 주순남 님과 기타 지인들이 너무 많다. 다보스병원에서 5년 동안 함께 했던 윤용진 본부장님, 강준식 부장님, 황현정 실장님이 떠오른다.

옆에서 글이 말이 되게 해준 손은경 작가님과, 부드러운 목소리와 따뜻한 마음을 가진 편집자인 오은실 자매님 등에게도 감사를 드린다. 감사 진법의 저자 강충원 선교사님도 감사 7진법을 각색

해서 써도 괜찮다고 허락해주셔서 감사하다.

'행복125운동'을 만드신 손욱 회장님 덕분에 감사나눔 운동을 알게 되었다. 지금도 언제나 응원하고 지지해주셔서 감사하다.

이 책이 나오는 데 적극적인 관심을 가지고 응원해주고 도와준 비전북 대표 박종태 형제님과 편집에 뛰어난 실력자인 이한민 대표님에게 감사 인사를 빼놓을 수 없다.

그 누구보다, 감사가 무엇인지 알게 해준 내 딸 지선이와 아내와 주승이, 주영이에게 감사하다. 모든 것이 감사다.